Einleitung

Mit diesem Buch möchte ich mich in erster Linie an jene Aquarianer wenden, die sich für die Haltung von Malawiseecichliden entschieden haben und entweder schon *Aulonocara* pflegen oder dies vorhaben.

Die sogenannten Kaiserbuntbarsche pflege und züchte ich seit vielen Jahren und bin immer wieder von ihrem ruhigen und doch lebendigem Wesen, ihrer interessanten Brutpflege und natürlich von ihren schier unerschöpflichen Standort- und damit Farbvarianten begeistert.

Ich hoffe, ich kann mit diesem Buch einigen Aquarianern helfen, die Haltung, die Pflege und eventuell die Vermehrung von *Aulonocara* zu versuchen oder anzugehen.

Vielleicht ist der eine oder andere Tip dabei, oder die kommenden Seiten sind der noch fehlende „Ruck" in die Richtung der Anschaffung von *Aulonocara*, den Kaiserbuntbarschen des Malawisees.

Andreas Butze,
Heidenau, Februar 2002

Die prachtvollen Kaiserbuntbarsche, hier ein Aulonocara *sp. „Iwanda"-Männchen, im Aquarium zu pflegen, ist der Traum vieler Aquarianer. Foto: Bartling*

Der Malawisee

Der Malawisee, die Heimat der Gattung *Aulonocara* oder „Tikulandirani“ – „Willkommen in Malawi!“

In Anbetracht seiner Farbpaletten zu jeder Tages-, Nacht- und Jahreszeit bezeichnete David LIVINGSTONE den Malawisee, als er ihn im Jahre 1859 erstmals erblickte, als den „Sternensee“.
Der drittgrößte See in Afrika, ist zugleich auch der vierttiefste der Welt. Seine tiefste Stelle reicht bis 200 m unter den Meeresspiegel. Die Wasseroberfläche des Sees liegt 471 m über dem Meeresspiegel. Circa 95 % seines Fischbestands sind endemisch, das heißt die Fische kommen nur in diesem Binnenmeer vor. Immerhin existieren im Malawisee etwa 500 Fischarten. Er ist 575 km lang und bis zu 85 km breit. 14 Zuflüsse speisen das bis zu 700 m tiefe Gewässer. Einziger Abfluß ist im Südzipfel der Shire. Der Malawisee nimmt rund ein Fünftel der Landfläche des Staates Malawi ein, 24.000 km² von seinen 28.500 km² entfallen auf das Land, genannt „das warme Herz Afrikas“. Uferstaaten des Malawisees sind auch Mosambik und Tansania, wobei vor der tansanischen Küste die malawische Grenze verläuft.

Küste des Malawisees bei Mbenji, dem Fundort bekannter und in der Aquaristik beliebter Buntbarsche. Foto: Ad Konings

Der See bietet die Möglichkeiten des Segelns, Wasserskifahrens oder vor allem des Tauchens im faszinierenden Unterwasserparadies. Verbreitet ist auch das Sportfischen.

Die vor der Küste von Mosambik liegende Insel Likoma birgt eine weitere Perle in der Vielzahl von Sehenswürdigkeiten. Beispielsweise die Kathedrale von St. Peter, ein afrikanisches Meisterwerk des gotischen Bogenbaus.

Das Hochland im Norden Malawis bildet das größte Wildgebiet des Landes. Das große Nyikaplateau im gleichnamigen Nationalpark kann man wunderbar vom Sattel aus erkunden.

Der Nyika-Nationalpark ist ein herrliches und kontrastreiches Habitat der verschiedensten Wild- und Vogelarten sowie einer eindrucksvollen Flora.

Im Westen Malawis ist der Kasungu-Nationalpark mit seinem offenen Miombowald ein lohnendes Ziel. Die Lifupa Lodge ist hier zum Beobachten von Wildtieren (Kasungus berühmte Elefanten!) und Vögeln zu empfehlen. Vor allem Prachtfinkenliebhaber – wie ich – kommen hier bei Beobachtungen voll auf ihre Kosten!

Im Liwonde-Nationalpark laden Bootsafaris den Shire hinauf zum Malombesee alle diejenigen ein, die Vergnügen, Ab-

Aulonocara sp. *„Iwanda" – das Vorkommen dieses schönen Kaiserbuntbarschs beschränkt sich auf das Hai Reef in Tansania und einen Fundort wenige Kilometer südlich in Mosambik bei Chiwindi. Foto: Bartling*

„Ihr Urlaub in Malawi wird Ihnen stets in Erinnerung bleiben, und ein sorgfältig ausgesuchtes Souvenir, sei es eine geflochtene Matte, ein Korb aus Schilfrohr oder eine unserer berühmten Holzschnitzereien, wird Ihnen nicht nur die schönsten Momente ins Gedächtnis zurückrufen, sondern auch in den kommenden Jahren viel Freude bereiten!"
So wirbt ein Prospektzitat für das „warme Herz Afrikas".

wechslung und Abenteuer suchen. Das Hauptlager am Ufer des Shire unter uralten Bäumen wird „Mvuu" genannt, das heißt soviel wie Nilpferd (auch: „Boko") und soll dessen Laute imitieren.

Das Zombaplateau im Südosten Malawis überragt die gleichnamige Stadt um 900 m. Von hier oben haben Sie einen Blick fast wie über ganz Afrika; nach Osten bis Mosambik, nach Süden bis zum Mulanje-Berg. Auch hier kann man sich im Reiten versuchen oder in den Gebirgsbächen nach den Unmengen von Forellen angeln.

Im Süden wird der Mulanjeberg eine Adresse für erfahrene Kletterer sein. Dieses Granitmassiv erhebt sich etwa 1000 m über die Umgebung. Auch für Wanderer gibt es hier eine Fülle von Gelegenheiten.

Im Majete-Wildschutzgebiet können zahlreiche Wasserfälle und Stromschnellen besucht werden.

Im Lengwe-Nationalpark befindet sich ein Teil des Habitats der Nyala-Antilope. Die Flußwaldlandschaft birgt auch eine Vielzahl von Vogelarten.

Unbedingt erwähnt werden muß auch der „Lake Malawi Marine Park" am südlichen Cape Mc Lear. Er dient dem Schutz der einzigartigen Vielfalt von Fischen sowie einer berühmten Otterkolonie.

In der Nähe, im Nkopola Lodge, Club Makokola und Livingstonia Beach Hotel können Sie Segelboote mieten. Vor allem hier sind das Tauchen, Schnorcheln und Wasserskilaufen ein Muß für den Touristen.

Die beste Reisezeit für diese Region sind die Monate von Mai bis Oktober. Von November bis April herrscht hier Regenzeit. Der aquaristisch „belastete" Tourist wird sicher sehr aufs Tauchen und Schnorcheln bedacht sein, auch Besichtigungen von Fischfang- und Zuchtstationen werden am See organisiert und angeboten. Bei den Tauchgängen wird die bunte Fischvielfalt begeistern, die zwischen den Unterwasserfelsriffen und über Sandflächen anzutreffen ist. Zahlreiche Höhlen und Felsflächen werden von vielfarbigen Schwämmen besiedelt.

Natürlich kann man am Strand des Malawisees auch einfach nur ausspannen und faulenzen.

Die Malawier selbst, die sehr stolz auf ihr Land sind, bestechen durch Höflichkeit und einer dem ganzen Volk eigenen großherzigen Freundlichkeit.

Schutzimpfungen und Prophylaxe gegen Malaria, Typhus und Hepatitis sind vor und während der Reise erforderlich!

Vor der Abreise sind im Rahmen der Planungen am besten die neuesten Informationen bei einem Tropeninstitut einzuholen.

Über den empfohlenen oder auch vorgeschriebenen Impfschutz im Reiseland kann man sich auch mittels der gemeinsamen Urlaubs-Hotline von AOK und ADAC informieren.
Die Telefonnummer: 089-76764200

Zur Einreise reicht – für Bundesbürger – ein gültiger Reisepaß. Als Tourist sollten Sie am besten im Besitz eines vorweisbaren Rückflugtickets sein und über genügend finanzielle Mittel verfügen. Die Währung ist der Malawi-Kwacha.

Maleri-Island

Fotos: Ad Konings (auch S. 8-9)

Englischkenntnisse sind sehr von Vorteil. Auf Malawis Straßen wird links gefahren, ein international gültiger Führerschein ist Bedingung. Speziell während der Regenzeit wird das Mieten eines Allradfahrzeugs empfohlen, vor allem dann, wenn ländliche Gegenden besucht werden sollen.

Den Reisenden wird in seiner Planung vor allem auch das Klima der Region am Malawisee interessieren. In einem malawischen Taschenreiseführer wird mehr oder weniger lapidar das Klima am See als tropisch und warm, in den Hochebenen als mild beschrieben.

Das Wetter am Malawisee hat aber auch einige Überraschungen in petto. Fährt man zu einer ungünstigen Zeit in dieses Gebiet, kann sich das warme Herz Afrikas auch wesentlich anders als tropisch, schön warm oder mild darstellen. Den See kann man spiegelglatt erleben, aber auch mit Wellen von vier Metern Höhe bei starkem Wind. So etwa ab Juni bis August, eine ziemlich windige und auch kühle Jahreszeit mit Temperaturen, die schon mal auf 15 °C sinken können. Man unterscheidet in Malawi drei Jahreszeiten: die Regenzeit von Ende November bis Anfang April, die kühle Zeit von Mai bis August und die heiße Jahreszeit von September bis Ende November.

Der Wind, der von Juni bis August fast immer vorherrscht, ist der aus Südosten kommende „Mwera“. Es schließt sich dann die ruhige, sehr warme Zeit bis

Der Malawisee ist der neuntgrößte See der Welt. Seine verschiedenen, atemberaubend schönen Uferregionen sind Heimat für mehr als 500 verschiedene Fischarten, von denen die allermeisten im See endemisch sind.
So ist der Malawisee auch ein überaus interessantes Gewässer zum Süsswassertauchen, aber auch für andere Wassersportarten.
Hier die beeindruckenden Felsen von Mbamba Bay Island.

November an, viele Cichliden im See haben jetzt ihre Laichzeit. Jetzt ist das Gewässer auch ideal zum Tauchen, macht seinem Ruf, einer der klarsten Süßwasserseen der Erde zu sein, alle Ehre. Die Sichtweiten unter Wasser betragen das ganze Jahr über etwa 6 bis 8 m, in günstiger Zeit bis zu 20 m! Die Brandung ist jetzt für den Taucher oder Schwimmer nicht mehr so gefährlich wie im Juni oder Juli. Die Temperaturen steigen bis November auf weit über 25 °C, nicht selten auf 35 bis 40 °C. Im Shiretal werden dann gar Werte von knapp 50 °C gemessen.

Ende November, Anfang Dezember beginnt die Regenzeit. Heftige Regenfälle erlebt man vor allem im Januar und Februar. Das Wasser des Malawisees ist nun aufgewühlt und trüb, wenig zum Tauchen geeignet.

Der Regen kann bis April oder Mai andauern, wird aber dann zunehmend weniger heftig.

Der Norden des Landes bekommt mit mehr als 1 500 mm Regen jährlich viel mehr ab als der Süden mit unter 1 000 mm. Die große Wasseroberfläche des Malawisees prägt das Klima und sorgt für regelmäßigen Regen. An den Südosthängen der Berge fällt oft der sogenannte Steigungsregen. Gebiete wie das Shiretal im Süden oder manche Uferregionen leiden dagegen unter Trockenheit. Vielfach entstehen föhnige Wetterlagen, die empfindlichen Menschen arg zusetzen können.

Nun beginnt wieder die oft stürmische Zeit, und der Großteil der Niederschläge, die den See bis um 2 m ansteigen lassen können, verdunstet nun. In den kühleren Monaten kann es nachts empfindlich kalt werden, und schon mancher sorglose Nachtschwärmer hat sich mitten in Afrika den berühmten Rest geholt. Aber auch schon ein kleiner Schnupfen kann den nächsten Tauchgang wegen Problemen beim Druckausgleich buchstäblich ins Wasser fallen lassen.

Als Besonderheit im malawischen Klima gilt der Chiperoni, ein Berg in Mosambik, südöstlich von Mulanje. In der Trockenzeit brauen sich manchmal an ihm dichte Wolkenfelder zusammen und ziehen als kühler Nebel bis Südmalawi.

Viele Anhänger der Malawiseecichliden sind in Anbetracht des pH-Werts der Meinung, dieser ostafrikanische See hätte hartes Wasser.

Das ist aber bei weitem nicht so! Der pH-Wert des Malawiseewassers schwankt zwischen 7,5 und 8,8 bis zu 9,0. Bei einer deutschen Karbonathärte von 6 bis 8 °KH und einer deutschen Gesamthärte von 4 bis 6 °dGH ist das Wasser also recht weich! Die elektrische Leitfähigkeit liegt bei 210 bis 330 Mikrosiemens pro Zentimeter (μs/cm).

Auch in der windigen Jahreszeit fällt die Wassertemperatur nicht unter 23 °C, außer im flachen Südostarm. Dort kann der See mit 20 °C ziemlich kühl sein. Als Mittelwert der Wassertemperaturen des Malawisees sind im Juli 24 °C, von November bis März etwa bis 28 °C zu erwarten. Der See ist also durchaus eine schöne große Badewanne mit allen Faszinationen, Abenteuern, Tücken und auch Gefahren!

Haltung und Pflege von *Aulonocara*

Aulonocara *sp. Chitande type masinje im bepflanzten Aquarium. Foto: J.-U. Bartling*

Sicherlich könnte man Kaiserbuntbarsche in Aquarien mit 80 cm Kantenlänge halten, optimal wäre dies aber bestimmt nicht!

Achtung: Ein *Aulonocara*-Aquarium muß mindestens 100 cm Länge aufweisen, wobei einer größeren Tiefe im Vergleich zur Höhe der Vorrang zu geben ist.

Eine größere Tiefe des Aquariums kommt nicht nur einem besseren Gasaustausch durch die größere Wasseroberfläche zugute, sondern ist auch im Hinblick auf die Revieransprüche der Malawisee-Kaiser günstiger. Sie können mit einer großen Aquarienhöhe nicht allzuviel anfangen.
Zu bedenken ist auch, daß *Aulonocara* im Aquarium deutlich größer werden können, als in der Natur. Die Gründe liegen auf der Hand: regelmäßiges, meist sehr – und auch zu – gutes Futter, Ruhe und das Fehlen natürlicher Feinde.

Und wenn wir es recht bedenken: Im Prinzip kann ein Aquarium gar nicht zu groß sein.

Ein besonderes Augenmerk gilt der Vergesellschaftung von Cichliden der Gattung *Aulonocara*. Diese Kaiserbuntbarsche können natürlich auch in größerer Individuenzahl einer Art gehalten werden – die entsprechende Aquariengröße vorausgesetzt.
Bedenken muß der Aquarianer dabei aber eine eventuell auftretende innerartliche Aggressionsbereitschaft insbesondere unter den Männchen. Zudem konnte ich diese gelegentlich bei Weibchen, vor allem bei Wildfängen, ebenfalls beobachten.
Aulonocara unterschiedlicher Art in einem Aquarium zu halten, muß wegen der Kreuzungsproblematik vermieden werden. In reinen Schaubecken aber – ohne eine Aufzucht von Nachkommen – kann man sicher nichts dagegen sagen.
Wie bei vielen anderen Malawiseecichliden auch, sollten die Weibchen in der Überzahl sein.

Tip: **Ein Verhältnis 1:2 (Männchen zu Weibchen) ist das mindeste, ein Besatz von 1:3 bei Vermehrungsabsichten sicher günstiger.**

Auf diese Weise verteilt sich eine eventuelle Aggressivität und Treiberei durch das Männchen auf mehrere Weibchen. Das kann auch brütenden Weibchen helfen, Ruhe vor dem „übermütigen Pascha" zu finden.
In größeren Aquarien lassen sich auch zwei Männchen und vier oder fünf Weibchen einer Art pflegen. So bekommt der Aquarianer faszinierende Szenen der Revierverteidigung und des interessanten Imponiergehabes der Männchen geboten.
Bei Wildfängen halte ich den Einsatz von einem Männchen und mindestens drei Weibchen prinzipiell für besser, da diese oftmals noch intensivere Balz- und Brutaktivitäten an den Tag legen. Wie schon erwähnt, habe ich bei diesen Importfischen aber auch hin und wieder eine Revierbildung bei den Weibchen beobachten können.
Kaiserbuntbarsche sollten nur bedingt oder in geringem Maße mit Mbuna, den Aufwuchsfressern, wie zum Beispiel *Pseudotropheus*, *Maylandia* oder *Labidochromis* vergesellschaftet werden. Sie mögen deren Hektik, Aggressivität und Draufgängertum nicht. Folgen können dann bei den *Aulonocara* Farblosigkeit, Scheu und ein Ausbleiben von Brutaktivitäten sein. Dasselbe Verhalten ist übrigens auch bei einer alleinigen Haltung zu weniger oder vereinzelter Kaiserbuntbarsche zu beobachten.
Sehr gut lassen sich diese Cichliden aus Ostafrika dagegen mit den ruhigeren Arten wie *Copadichromis, Protomelas* oder *Placidochromis* in einem Aquarium pflegen. Deren Charaktere sind dann nicht gar zu verschieden. Natürlich vertragen sich die „Malawisee-Kaiser" auch mit verschiedenen Fiederbartwelsen.
Bei Algenproblemen können Sie auch Siamesische Grünflossenbarben, *Crossocheilus siamensis,* in das Aquarium einsetzen. Diese bereiten zusammen mit *Aulonocara* keine Probleme und tolerieren auch deren Wasserwerte. Das glei-

Eine Vergesellschaftung von Malawi- und Tanganjikaseebuntbarschen kann gut funktionieren und durchaus attraktiv wirken. Foto: M.-P. & C. Piednoir

Aulonocara – *vergesellschaftet mit* Pseudotropheus elongatus *sp. „Chewere" – eine mögliche Variante, da dieser Cichlide nicht ganz so hektisch wie seine Verwandten ist. Foto: J.-U. Bartling*

Verschiedene Vallisneria- *und andere Wasserpflanzenarten können auch in Malawiseeaquarien gut verwendet werden. Aquarien mit in der Filterströmung flutenden Vallisnerien sehen meist besonders gut aus. Foto: Custers*

che habe ich schon erfolgreich mit Harnischwelsen, *Ancistrus* sp., und auch mit Zwergharnischwelsen, *Otocinclus* sp., praktiziert.

Es gibt zwar gut wirksame chemische Algenbekämpfungsmittel auf dem Markt; den Weg der Nutzung solcher Mittel darf der Aquarianer aber nur im allerhöchsten Notfall gehen. Das biologische Gleichgewicht im Aquarium wird dadurch gestört und die Ursache des Algenwachstums keinesfalls beseitigt.

Das Einsetzen schnellwüchsiger und nährstoffzehrender Wasserpflanzen wie zum Beispiel die höhere Temperaturen vertragende Argentinische Wasserpest, *Egeria densa*, oder das Hornkraut, *Ceratophyllum demersum*, kann ebenfalls hilfreich sein. Nicht unerwähnt sollte die starke Sauerstoffproduktion dieser Pflanzengruppen bleiben. Allerdings wird die Haltbarkeit zumindest der Wasserpest im Malawiseeaquarium begrenzt sein.

Aber als Fan dieses ostafrikanischen Binnenmeers sollten Sie auch wissen, daß eigentlich die Begriffe Malawisee und Algenbewuchs in direkter Beziehung zueinander stehen. Nur sehen eben diese Algen im Aquarium oft sehr unschön aus und können gelegentlich sogar sauerstoffzehrend (nachts) und schadstoffeintragend sein.

Weitere Waffen im Kampf gegen die Algen sind auch Oxidatoren und UV-Wasserklärer. Oxidatoren bauen durch ihre Produktion von Reinsauerstoff viele Schadstoffe schneller ab und entziehen damit den Algen auch die Nahrungsgrundlage. In stark besetzten Aufzuchtaquarien habe ich damit gute Erfahrungen gemacht.

Steinaufbauten müssen das Malawisee-aquarium nicht alleine prägen, auch einige Pflanzen haben darin ihre Berechtigung. Hornkraut, Ceratophyllum demersum, *kann auch einfach im Aquarium treiben oder gebündelt unter Steine geklemmt werden, es bildet keine Wurzeln. Das Hornkraut darf nicht eingepflanzt werden, die Stengel faulen dann und sterben ab. Aufwuchsfresser (Mbuna) finden gelegentlich an den* Ceratophyllum-*Triebspitzen Gefallen , falls es ihnen an Pflanzenkost mangeln sollte. Foto: Custers*

Vor der Aufstellung und dem Einrichten des Aquariums ist auf alle Fälle die Tragfähigkeit des Bodens zu überprüfen. Malawiseeaquarien dürften ja normalerweise stets größer dimensioniert sein. In einer Wohnung ist der Aufbau eines solchen Aquariums an einer tragenden Wand unbedingt anzuraten. In Altbauten ist auf den Verlauf der Zwischenbalken im Fußboden zu achten und das Aquarium darauf quer zu plazieren. Foto: H. Custers

UV-Wasserklärer vernichten bei optimaler (hier: möglichst geringer) Durchflußmenge freitreibende Krankheitserreger, Bakterien und auch Algensporen. Erfahrungen mit solchen UV-Geräten in Malawiseeaquarien sind wenig bekannt; vor einer allzu großen Euphorie muß gewarnt werden.

Auch spezielle Filtermaterialien als zusätzliche Maßnahme gegen zu hohe organische Wasserbelastung und damit günstige Algenbedingungen sind hilfreich. Als Beispiel soll hier Zeolith genannt werden. Dieses natürliche Mineralgestein bindet oder absorbiert überschüssige Nährstoffe, Abbau- und organische sowie anorganische Umsetzungsprodukte pflanzlicher und tierischer Herkunft und bietet nützlichen Bakterien eine günstige und große Besiedlungsfläche.

Je nach Herkunft des Zeoliths gibt es aber Qualitätsunterschiede nicht geringen Ausmaßes. Recht gut soll das australische Zeolith, das ungarische dagegen weniger wirksam sein. Solche Unterschiede sind schon am Preis erkennbar.

Im Zoohandel sind aber noch viele weitere algenvermindernde Filtermedien zu finden. So zum Beispiel das Nitrex-Granulat, „Clean-Water“ und Nitrat-, Phosphat- und Ammon-Ex.

Die besten Mittel gegen eine „Algenpest“ sind aber immer noch der regelmäßige (im Malawiseeaquarium 50 %ige) wöchentliche Wasserwechsel, angemessener Fischbesatz und die vielzitierte sparsame Fütterung.

Bei der Einrichtung eines Aquariums für Kaiserbuntbarsche ist dem Kies ein besonderes Augenmerk zu schenken. *Aulonocara* wühlen kaum, es sei denn, es geht um das Anlegen von Laichgruben. Sie benötigen eher feineren Kies einer Körnung von1 bis 3 mm, um ihrer Eigenheit bei der Nahrungssuche, der „Sonarjagd“, Rechnung zu tragen.

Mit Hilfe der *Aulonocara*-spezifischen Sinnesgruben im Kopfbereich versuchen diese Buntbarsche, Futtertiere im Bodengrund zu orten. Ab und zu wird dann mit dem Maul in das Substrat gestoßen und der Kies durchgekaut. Ist dieser zu grob, so können Sie als Aquarianer diese Eigenart der *Aulonocara* kaum beobachten. Allerdings: Verhungern werden Ihre „Kaiser“ deswegen nicht!

Außerdem darf der Bodengrund nicht zu hell sein. Kommt dann vielleicht noch ein starkes Oberlicht dazu, wirken die Cichliden blaß und farblos, reagieren hektisch und schreckhaft.

Der Aufstellungsort des Aquariums sollte zur Einschränkung des Algenwachstums weit vom Fenster entfernt sein. In der Raummitte ist die Tragkraft des Fußbodens immer am geringsten! Soll Ihr Aquarium auch noch als Raumteiler dienen, so muß dieser Umstand bei der Aufstellung bedacht werden. Meist wird die Tragfähigkeit des Zimmerbodens jedoch unterschätzt.

Tip: **Eine zusätzliche Platte zwischen Fußboden und Aquarienunterschrank, die mit der ganzen Fläche aufliegt, verteilt die Last zusätzlich.**

Vor allem bei solchen Großaquarien ist nicht nur die gesamte Verarbeitung, sondern auch die Glasstärke von besonderer Bedeutung. Auch auf eine Verklebung mit schwarzem Aquariensilikon sollte geachtet werden. Transparenter Kleber könnte mit der Zeit von Algen durchwachsen werden und sich dann vom Glas lösen. Doch wenn Sie auf Billigprodukte verzichten, werden Sie sich auf die Aquarienqualitäten der verschiedenen Hersteller verlassen können.

Hinweis:
Gemäß deutscher DIN-Bauvorschriften beträgt die Bodenbelastbarkeit von Neubauten in der Fläche in der Raummitte mindestens 800 kg/m²; an den Wänden bis zu 2 t/m².

Hinweis: Größere Aquarien sollten auch mit Quer- und Längsstegen versteift sein, um Verwindungen der großen Glasflächen zu verhindern.

Um beruhigt und im Ernstfall gewappnet zu sein, kann man entsprechende Aquarien- oder Glasversicherungen abschließen. Denken Sie auch an Folgeschäden bei Wertsachen, Vermögen oder auch an eventuell anfallende Hotelkosten. Ihre Versicherung wird Sie dazu sicher gern beraten. Darüber sollte jeder Aquarienbesitzer gründlich nachdenken! Im Schadensfall kann ein richtiger Versicherungsschutz die Rettung sein.
In meinem Mietvertrag ist eine kombinierte Aquarienversicherung sogar als Bedingung angeführt. Der Vermieter muß also unbedingt über Ihr Hobby in Kenntnis gesetzt werden. Der Vermieter muß aber auch bedenken, daß auch eine stillschweigende Billigung zu Schadensersatzproblemen führen kann. Denken Sie daran, daß sich ein Vergleich von Versicherungen lohnen kann.
Zwischen Aquarium und Aufstellfläche – wie zum Beispiel (in den meisten Fällen) dem Unterschrank – gehört meiner Meinung nach immer eine ausgleichende und nachgebende Materialschicht.
Die im Zoohandel erhältlichen Polstermatten sind sicher sehr gut geeignet, aber im Vergleich zu anderen Möglichkeiten eben auch teuer. Eine Alternative sind Styroporplatten oder auch Teppichböden. Dünner Schaumstoff ist weniger geeignet. Er verpreßt sich und wird mit der Zeit knochenhart. Es geht ja darum, mit Elastizität eventuelle Spannungen von der Bodenseite fernzuhalten.
Größere Aquarien mit geplanten umfangreichen Steinaufbauten legt man auch innen als erstes mit Styroporplatten aus. Darauf errichtet man dann den Felsbau. Erst dann bringt man den Bodengrund ein. Die unteren Steinregionen werden somit darin eingebettet. Bei möglichen Wühl- und Laichgrubenaktionen der Cichliden können die Steine dann nicht kippen oder mit der Bodenplatte in direkte Berührung kommen.
Man kann bei Felsaufbauten die einzelnen Gesteinsbrocken untereinander mit Aquariensilikon verkleben. Davon halte ich allerdings nichts, denn diese Methode kann bei Arbeiten im Aquarium oder bei Fangaktionen (etwa von brütenden Weibchen) sehr hinderlich sein.
Lochgestein ziehe ich anderem Fels- oder Steinmaterial vor, denn es hält sich im Aufbau hervorragend selbst. Es bietet viele Höhlen und ist nicht zu scharfkantig, außerdem hat es noch einen pH-Wert-stabilisierenden Effekt.
Wurzeln oder andere hölzerne Ein-

richtungsmaterialien halte ich im Malawiseeaquarium für unangebracht, es sei denn, sie lagen schon jahrelang im Wasser. Ansonsten werden die Wasserwerte durch Gerb- und Huminsäuren ungünstig beeinflußt. Es könnte zu einem starken Absinken des pH-Werts kommen.

Bepflanzung

Abgesehen von stellenweisen Vallisnerienwiesen und einzelnen *Potamogeton*- und *Ceratophyllum*-Vorkommen gibt es im Malawisee kaum größere Pflanzenvorkommen. Trotzdem ist eine Bepflanzung in einem Aquarium mit Malawiseecichliden durchaus möglich und natürlich auch ein besonders ansprechendes Bild für den Betrachter. Ist der Pflanzenbestand gesund, so trägt er durch seinen Nährstoffbedarf auch zum direkten Schadstoffabbau bei, ist tagsüber ein Sauerstoffspender und dient den Fischen als Versteckmöglichkeit. Es gibt jedoch Malawiseebuntbarsche, die können kein grünes Blatt sehen, ohne es anzuknabbern oder gar zu zerfetzen. Das ist aber von Art zu Art und auch von Individium zu Individium verschieden.

Hinweis: Im allgemeinen sind die Cichliden des Malawisees gegenüber Pflanzen einigermaßen verträglich. Dies trifft vor allem auf die *Aulonocara* zu.

Vernachlässigt man den nötigen pflanzlichen Anteil in der Nahrung, dann kann den Fischen aber schon mal ein junges Blatt oder ein Neutrieb zum Opfer fallen. Bei gutem Pflanzenwachstum fällt dieser Appetit der Buntbarsche aber kaum ins Gewicht.

Am besten und einfachsten ist wohl die Aquarienabdeckung mit eingebauten Leuchtstoffröhren. Es ist unbedingt zu beachten, daß nur aquarientaugliche, spritzwassergeschützte Einbauleuchten verwendet werden dürfen. Foto: H. Custers

Lochgestein und Wasserschrauben, Vallisneria *sp., ergeben im Malawiseeaquarium eine ansprechende Dekoration. Foto: H. Custers*

Achtung: Natürlich kann es beim Anlegen von Laichgruben zum Ausgraben von Pflanzen kommen; aber damit muß der Aquarianer rechnen, und er kann dies bei der Planung der Bepflanzung berücksichtigen.

So macht es sich beispielsweise gut, Aufsitzer wie Javafarn, *Microsorum pteropus*, Kongo-Wasserfarn, *Bolbitis heudelotii*, oder *Anubias*-Arten in den Felsaufbau einzusetzen oder darauf aufzubinden. Mit der Zeit halten die sich bildenden Haftwurzeln die Pflanze fest. Auch verschiedene *Vallisneria*- und *Cryptocoryne*-Arten können gut verwendet werden. Malawiseeaquarien mit in der Filterströmung flutenden Vallisnerien oder Hornkraut, *Ceratophyllum* sp., sehen besonders gut aus.

Hornkraut kann man auch im Aquarium treiben lassen, oder gebündelt unter Steine klemmen, es bildet keine Wurzeln. Hornkraut darf nicht eingepflanzt werden, die Stengel faulen dann und sterben ab. Allerdings konnte ich beobachten, daß besonders Aufwuchsfresser (Mbuna) an *Ceratophyllum*-Triebspitzen Gefallen finden, wenn ihnen Pflanzenkost fehlen sollte.

Noch ein kleiner Tip am Rande:
Hornkraut eignet sich mit seinen harten sternigen Blattquirlen gut zum Reinigen von Aquarienschläuchen. Einfach den Schlauch ins Wasser halten, ansaugen und dabei *Ceratophyllum*-Ranken mit durchziehen lassen!

Mit dem Düngen der Aquarienflora müssen Sie allerdings in Hinsicht auf den gesegneten Stoffwechsel der Malawiseebuntbarsche und einer eventuellen Algenplage vorsichtig sein.

Die Technik

Bei der umfangreichen Auswahl der Aquarientechnik gibt es einige notwenige und einige sinnvolle Produkte.

Heizung

Aulonocara halten Sie – wie viele andere Cichliden Ostafrikas und andere Aquarienfische – am besten bei 24 bis 26 °C Wassertemperatur. Abweichende Werte werden zwar vertragen, aber je größer sie ausfallen, desto deutlicher ist bei den Buntbarschen ein Unwohlsein zu erkennen.
Die einfachste Lösung ist ein Regelheizstab, angebracht an einer durchströmten Stelle im Aquarium. Die Wattzahl des Heizers ist entsprechend dem Fassungsvermögen des Aquariums zu wählen. Steht das Aquarium im beheizten Wohnraum, so kann die Heizerleistung auch etwas unter der Norm liegen.
Heizkabel oder -schlangen im Bodengrund oder unter dem Aquarium sind auch eine Möglichkeit, sofern die vergesellschafteten Fische nicht zu intensiv im Bodengrund graben. Für Wartungsarbeiten sind die Bodenheizungskabel allerdings schlecht zugänglich.
Günstig sind auch Außenfilter mit integrierter Heizung, die ich gern für größere Aquarien verwende.
Größere Schlauchstrecken außerhalb des Aquariums werden in kühleren Räumen mit Rohrisolation aus dem Baumarkt verkleidet. Gerade bei meinen Kelleraquarien mit Außenfilter konnte ich dadurch schon immense Energieeinsparungen verzeichnen. Die Filtertöpfe umwickle ich mit alten Frotteehandtüchern als Isolation.
Ist die Beleuchtung in einer Abdeckung untergebracht, kann sie ebenfalls heizende Wirkung haben.

Tip: **In kühlen Räumen wie in Aquarienkellern oder unbeheizten Wohnräumen kann eine zusätzliche Isolierung des Aquariums beispielsweise mit Styropor an der Rückseite und den beiden Seitenscheiben eine wertvolle Energiesparmaßnahme darstellen.**

Über ein gutes Innenthermometer ist die Wassertemperatur zu kontrollieren. Leider gibt es bei diesen Meßinstrumenten große Qualitäts- und damit Meßunterschiede zwischen den verschiedenen Herstellern. Sie sollten hier besser nicht sparen und auf das Geld schauen. Größere Thermoaußenfilter verfügen über ein digitales Kontrolldisplay, das recht zuverlässig ist.

Die Beleuchtung

Da Sie Ihr Aquarium sicherlich an einer vom Tageslicht entfernten Stelle aufgebaut haben, um weniger Algenprobleme zu bekommen, muß auch an die Beleuchtung gedacht werden.
Am besten und einfachsten ist wohl die Aquarienabdeckung mit eingebauten Leuchtstoffröhren. Es ist unbedingt zu beachten, daß nur aquarientaugliche, spritzwassergeschützte Einbauleuchten verwendet werden dürfen. Wasser und

elektrischer Strom sind bekanntermaßen eine gefährliche Mischung.

Die Auswahl der Lichtfarbe über einem Malawiseeaquarium halte ich für eine reine Geschmackssache. Da wir keinen prachtvollen Pflanzendschungel zu beleuchten haben werden und wir keine blassen schreckhaften Cichliden im Aquarium „suchen" wollen, darf das Licht nicht allzu hell sein. Die verschiedenen *Anubias*-Arten wie auch verschiedene Farne (*Microsorum, Bolbitis*) haben beispielsweise keine hohen Lichtansprüche.

Sind mehrere Leuchtstoffröhren einsetzbar, so lassen sich auch verschiedene Lichtfarben kombinieren, so daß auch Vallisnerien oder Cryptocorynen gut gedeihen. Über die Bedeutung der Lichtstärke und -farbe in bezug auf Algenbildung ist viel diskutiert und geschrieben worden und wird es auch weiterhin werden. Die vielen Leuchtmittelhersteller werben mit den verschiedensten Leuchtenarten und Lichtfarben – bei „garantiert" ausbleibender Algenbildung.

Inwieweit Sie als Aquarianer darauf eingehen wollen, entscheiden Sie am besten selbst. Tatsache ist, daß eine Algenplage nicht nur allein durch zuviel oder zuwenig Licht sowie durch vermehrte Rot- oder zuviele Blauanteile im Licht entsteht, auch die übrige Aquarienpflege muß möglichst algenhemmend ausgerichtet sein. Ich verwende beispielsweise gern Triton-Röhren, von deren Qualität ich überzeugt bin. Eine Tageslichtröhre kombiniere ich mit einer etwas weniger intensiveren Color-Leuchte, die vom Betrachter aus als erste Röhre installiert ist und die Farben der Fische im Schauaquarium an der Frontscheibe hervorhebt.

Über Zeitschaltuhren gesteuert, werden Malawiseeaquarien am besten etwa zwölf Stunden am Tag beleuchtet. Die vieldiskutierten Lichtpausen am Tag habe ich wieder eingestellt, sie brachten keine Einschränkung des Algenwachstums.

Der Starter der Leuchtstoffröhren wird unnötig strapaziert, die Stromeinsparung ist minimal und die Pflanzen wachsen ohne Lichtunterbrechung einfach besser. Allerdings scheinen Schmieralgen (braune Kieselalgen) solche Beleuchtungspausen am Tag schlecht zu vertragen, obwohl auch mit der Zeit eine Anpassung an die Lichtverhältnisse zu vermuten ist.

Über den bepflanzten Aquarien wechsle ich einmal im Jahr die Röhren aus, es sei denn, es handelt sich um Triton-Röhren, bei denen eine längere Betriebszeit möglich ist. Bei diesen speziellen Leuchtstoffröhren verspricht der Hersteller das (fast) volle Leuchtspektrum bis ans Lebensende der Röhre. Ich konnte mich vom gleichmäßigen Pflanzenwachstum unter Triton-Röhren bis zu deren Totalausfall überzeugen.

Ansonsten sollen Leuchtstoffröhren, allerdings für das menschliche Auge kaum feststellbar, mit der Zeit an „Kraft" verlieren, zudem verschiebt sich das Spektrum des Lichts. Bei einem verspäteten Austausch der Leuchtkörper hätten die Pflanzen dann entsprechende Anpassungsprobleme.

Große Aquarien mit geplanten umfangreichen Steinaufbauten legt man auch innen als erstes mit Styroporplatten aus. Darauf errichtet man dann den Felsbau. Erst dann bringt man den Bodengrund ein. Die unteren Steinregionen werden somit darin eingebettet. Bei möglichen Wühl- und Laichgrubenaktionen der Cichliden können die Steine dann nicht kippen oder direkt mit der Bodenplatte in Berührung kommen. Foto: H. Custers

Die Filterung

Zur wohl wichtigsten technischen Einrichtung im Malawiseeaquarium ist die Filterung zu zählen. Sie dient der Entfernung von Grobschmutz und Schwebeteilchen aus dem Aquarienwasser, dem Abbau organischer aber auch anorganischer Schadstoffe und sorgt zudem auch für eine gewisse Strömung und dadurch für Sauerstoffeintrag ins Wasser. Somit kann der Filter eines Aquariums mit Lunge, Herz und Nieren eines Menschen verglichen werden. Im Rahmen dieses Buchs kann keinesfalls die Gesamtheit der Filter- und Aufbereitungsmöglichkeiten von Aquarienwasser besprochen werden, vielmehr werden die beiden geläufigsten Filterarten für Malawiseeaquarien dargestellt. Zum Thema Filterung gibt es eine Unmenge Literatur, hervorgegangen aus den verschiedensten Erfahrungsaspekten.

Achtung:
Wasseransäuernde Filtermaterialien wie etwa Torf gehören nicht in ein Malawiseeaquarium!

Genannt sei so zum Beispiel das „Handbuch Aquarientechnik“ von Hanns-J. KRAUSE. Hier wird sehr speziell und eingehend die Filterung von Aquarienwasser erläutert und aufgegliedert.

In meinen Malawiseeaquarien habe ich schon jede Menge Arten und Formen der Filterung ausprobiert sowie das Für und Wider abgewägt. So richtig überzeugt haben mich am Ende aber immer wieder die einfachen Innen- und die größeren Topfaußenfilter.

Die Innenfilter sind wohl sicherer, da man hier ohne jegliche Schlauchverbindung außerhalb des Aquariums auskommt. Als einen negativen Aspekt betrachte ich die Tatsache, daß ein Innenfilter nun mal auch Platz im Aquarium beansprucht, der dann ja eigentlich den Fischen fehlt. Desweiteren „bestechen“ Innenfilter meistens auch durch ihr geringes Filtervolumen. Variationsmöglichkeiten beim Einsatz verschiedener Filtermedien sind nur schlecht möglich. Als Zweitgerät aber, neben einem größeren Außen-, kann ein kraftvoller Schnellinnenfilter in einem gut besetzten Malawiseeaquarium hervorragende Arbeit leisten. Die Auswahl an Filtermaterialien und die Kombinationsmöglichkeiten für deren Einsatz und Schichtung ist natürlich bei den Außenfiltern ungleich größer. Ein weiterer Vorteil ist deren großes Filtervolumen.

Die Palette an motorgetriebenen Topffiltern unterschiedlicher Größe von verschiedenen Herstellern ist groß. Auch integrierte Heizungen in diesen Geräten sind möglich und meiner Meinung nach recht günstig. Mit solchen Thermoaußenfiltern habe ich die besten Erfahrungen gemacht. Bestückt werden sie nur mit Schwämmen und Siporax, den Filterröllchen aus gesintertem Glas. Ist es notwendig, setze ich zum schnellen Schadstoffabbau Zeolith bester Qualität ein – als Ionenaustauscher und Katalysator. Zur Anhebung der Karbonathärte und damit der pH-Wert-Stabilisierung verwende ich in meinen Außenfiltern auch Korallen- und Muschelbruch oder „Rowalith“, ein aufhärtendes Mineral.

Aktivkohlemedien sollen nur zeitlich begrenzt zur Schadstoffbindung verwendet werden. Meist ist deren Kapazität

Unbepflanzte oder pflanzenarme Aquarien müssen über besonders leistungsfähige und gut gepflegte Filtersysteme verfügen. Zwangsläufig haben hier die regelmäßigen Wasserwechsel einen noch höheren Stellenwert als dies in Aquarien mit üppiger Bepflanzung der Fall ist. Foto: H. Custers

bereits nach wenigen Tagen oder Wochen erschöpft.
Rieselfilter erscheinen mir für Malawiseeaquarien als wenig geeignet – ich halte sie für Luxus. Die relativ neuen „Quick-Sand"-Kieselerdefilter haben an meinen Aquarien über kurz oder lang samt und sonders versagt.
Biologisch arbeitet ja nach einer gewissen Einlaufphase jeder gepflegte Filter. Welches Filtersystem welcher Größe gewählt wird, muß letztendlich jeder Aquarianer nach seinen Vorstellungen und Voraussetzungen selbst entscheiden. An Empfehlungen, Tips und Ratschlägen wird es in der Welt der Aquaristik nie mangeln.
In Aufzuchtaquarien decke ich die Filtereinläufe oder die Ansaugvorrichtungen mit Gaze, Schaumstoff oder Netzen ab, um unnötige Verluste unter den Jungfischen durch Einsaugen in den Filter zu vermeiden.
Eine Episode, die ich als erschreckend und lustig zugleich empfinde, möchte ich dem Thema Filterung anschließen: Eine regionale Tageszeitschrift befragte kürzlich einige ihrer Leser zum Thema Energieeinsparung. Einer der Befragten (er bezeichnete sich als Aquarianer!) erklärte allen Ernstes und auch noch stolz, er schalte Nachts und auch bei seiner Abwesenheit die Filterung seiner Aquarien ab – die armen Fische!

Aulonocara jacobfreibergi – *die Männchen werden bis 13 cm lang, die Weibchen hingegen nur 7 cm; im Bild ein Männchen, Mitte, mit zwei Weibchen. Foto: J.-U. Bartling*

Es versteht sich von selbst, daß Filter, ganz gleich welcher Art, ununterbrochen laufen müssen. Kurze Unterbrechungen bei der Reinigung des Filters, des Aquariums oder bei der Fütterung sind natürlich möglich.

Unterbrechungen, die gar Stunden dauern, haben das Absterben der wertvollen Bakterienkulturen auf den Filtersubstraten zur Folge. Das ist zum Beispiel nach Stromausfällen zu beachten. Beim Wiedereinschalten der Filterung wird dann der ganze tote und giftige Sud ins Aquarium gespült. So kann es binnen kürzester Zeit zu einem sprunghaften Anstieg des Schadstoffgehalts – wie zum Beispiel Nitrit – im Aquarienwasser kommen. Das bittere Ende kann ein Massensterben unter den Fischen sein.

Nach längeren Filterstillständen muß also vor der Wiederinbetriebnahme immer eine gründliche Reinigung des Substrats erfolgen.

Es soll Autoren geben, die sogar das zeitweilige Abschalten der Filter empfehlen und die entstehenden Schadstoffe als Nährstoffschübe für die Bepflanzung gutheißen. Für Malawiseeaquarien sind solche Praktiken jedenfalls kategorisch abzulehnen!

Trotzdem ist hinzuzufügen, daß eine längere Stillstandszeit des Filters nicht zwangsläufig eine Katastrophe im Aquarium nach sich ziehen muß. Ich habe es auch schon erlebt – und mit Messungen belegt –, daß sich ein großer Topffilter nach einer Nacht Stillstand schnell wieder erholte und die anfangs hohen Ammonium- und Nitritgehalte im Aquarienwasser wieder zurückgingen und ganz verschwanden – ohne Filterreinigung und ohne Massensterben.

Übrigens: Der beste Filter ist immer noch der Eimer, denn selbst der beste Filter ersetzt keinen Wasserwechsel!

Durchlüftung und Sauerstoffeintrag

Malawiseecichliden lieben und brauchen nicht nur sauberes, sondern auch sauerstoffreiches Wasser. In O_2-gesättigtem Aquarienwasser findet auch ein besserer, intensiverer Schadstoffabbau statt, vor allem im Filter.
Durch einen günstig positionierten Filterauslauf und der damit verbundenen Strömung und Oberflächenbewegung findet schon ein erster Sauerstoffeintrag ins Aquarium statt. Eine weitere, recht verbreitete Möglichkeit sind Luftpumpen mit im Aquarium installierten Ausströmern. Auch hierdurch wird CO_2 aus dem Wasser ausgetrieben, was in einem Malawiseeaquarium durchaus nützlich sein kann. Hier streben wir ja einen höheren pH-Wert an, im Wasser gelöstes CO_2 senkt aber die „potentia Hydrogenii“ (die Wirksamkeit des Wasserstoffions). Allerdings fehlt das CO_2 in bepflanzten Aquarien dann als Nahrung für das schöne „Grün“.
Luftpumpen können zwar durch ihr Geräusch unangenehm auffallen, im Handel sind aber inzwischen fast lautlose Geräte erhältlich.
In vielen meiner Malawiseeaquarien laufen Luftpumpen mit Ausströmern über Zeitschaltuhren abends an, spenden über Nacht zusätzlichen Sauerstoff und werden morgens wieder abgeschaltet. Ansonsten sorge ich mit den Filterausläufen für eine kräftige Oberflächenbewegung und Strömung.

Ein Aulonocara cf. baenschi-Männchen der ziegelroten Variante in sehr guter Kondition. Gut gefiltertes, sauberes und sauerstoffreiches Wasser ist eine Grundvoraussetzung für die erfolgreiche Pflege von Kaiserbuntbarschen. Foto: Bartling

Tip: In dicht besetzten Aquarien – wie beispielsweise bei der Aufzucht junger Cichliden – sind Oxidatoren sinnvoll.

Je nach Aquariengröße verwendet man dabei eine 3- oder 6 %ige Wasserstoffperoxidlösung mit einem oder zwei Katalysatoren und verbirgt den Oxidator möglichst hinter der Dekoration. Es entstehen dann freie Sauerstoffmoleküle, die sehr schnell Verbindungen mit Stoffwechselendprodukten eingehen. Letztere werden dabei unschädlich gemacht – ein weiterer Nutzeffekt des Oxidators neben dem Sauerstoffeintrag ins Aquarium. Für meine Aquarien wähle ich immer eine etwas höhere Einstellung der Lösung. Der Hersteller der Geräte selbst riet mir dazu, da die angegebenen Aquariengrößen in der Gebrauchsanweisung eines Oxidators (Söchting) eher als Untergrenze zu verstehen sind.

Am günstigsten und vor allem wohl am billigsten ist es, sich in der Apotheke 30 %iges Wasserstoffperoxid zu besorgen und mit destilliertem Wasser selbst eine 3- oder 6 %ige Lösung zu mischen.

Achtung: Bei allen Arbeiten mit Wasserstoffperoxid oder mit Säuren – Schutzbrille tragen!

Für einen Liter 6 %ige H_2O_2-Lösung legt man 500 ml destilliertes Wasser vor und gibt dann 200 ml 30 %ige Wasserstoffperoxidlösung hinzu. Abschließend wird mit destilliertem Wasser auf einen Liter aufgefüllt.

Hinweis:
Hartes Wasser hat – in bezug auf die Karbonathärte – eine bessere Pufferwirkung als weiches, das heißt, der pH-Wert bleibt im alkalischen Bereich stabiler.

Das Wasser für *Aulonocara*

Beim Aquarienwasser für *Aulonocara* ist es vorteilhaft, daß der Wasserchemismus des Malawisees dem der meisten Leitungswässer in Mitteleuropa ähnlich ist. Im Zweifelsfall sollten Sie „Ihre" Wasserwerte bei Ihrem zuständigen Wasserwerk erfragen.

Hinweis: Auf alle Fälle ist ein alkalischer pH-Wert vonnöten, das heißt, ein pH-Wert von 7,5 ist gut, ein Wert von 8 bis 8,5 optimal.

Da alkalisches Wasser in unseren Breiten oft hart ist, sind viele Malawiseecichlidenpfleger der Meinung, daß diese Buntbarsche hartes Wasser brauchen und mögen und auch im Malawisee selbst das Wasser hohe Härtegrade aufweisen würde. Dem ist aber nicht so, denn hartes Wasser im Aquarium wird lediglich toleriert. Im Malawisee beträgt die Härte etwa 4 bis 6 °dGH (deutsche Gesamthärte). Das Wasser des Sees ist also als weich zu bezeichnen!

Wasserbewegungen, die CO_2 Austreiben, helfen genauso, den pH-Wert höher einzustellen, wie die Lösung verschiedener Bestandteile von Mineralien, Gesteinen oder Muschel- und Korallenbruch, ja sogar einfacher Kreide. Die als Karbonathärte erfaßten Bestandteile haben eine Pufferwirkung auf den pH-Wert. Die Karbonathärte liegt im Malawisee bei etwa 6 bis 8 °KH (deutsche Karbonathärte). Zum Beispiel durch verschiedene Filtermaterialien (Rowalith) läßt sie sich genauso erhöhen

Die Kaiserbuntbarsche zeigen durch ihr Verhalten und ihre Färbung den notwendigen Wasserwechsel an, welcher in jedem Falle regelmäßig erfolgen muß. In Bild ein Aulonocara *sp. „Mamelela"-Paar – eine Variante von* Aulonocara jacobfreibergi. *Foto: J.-U. Bartling*

wie mit etlichen pH-Wert- und KH-steigernden Konzentraten aus dem Zoohandel. Höhere Werte werden von den recht robusten und anpassungsfähigen Cichliden meistens gut toleriert. Auch mit im Zoofachhandel erhältlichem Malawi-Tanganjika-Salz lassen sich günstige und stabile pH-Werte und Karbonathärten einstellen. Dadurch werden auch gleichzeitig spezielle Spurenelemente eingebracht. Allerdings ist diese Variante bei den meist recht großen und wasserwechselintensiven Malawiseeaquarien recht kostenintensiv.

Meine Malawiseecichliden halte ich bei einem pH-Wert von 7,8 bis 8,2, einer dGH von 8 bis 14° und einer KH von 8 bis 12°. Die Temperatur stelle ich auf 25 °C ein und steigere sie zur Zucht nötigenfalls um ein oder zwei Grad. Nitritgehalte müssen tabu sein, daran ist vor allem bei der Aufstellung und Einrichtung sowie Inbetriebnahme neuer Aquarien zu denken. Diese benötigen immer eine Einlaufzeit. Zum Zeitpunkt des Einsetzens von Fischen darf kein Nitrit im Wasser mehr nachweisbar sein. Günstig ist hier auf alle Fälle ein Arbeiten mit Bakterienkonzentraten.

Bei Nitratwerten über etwa 30 mg/l konnte ich bei meinen *Aulonocara* deutliches Unbehagen sowie Schreck-

haftigkeit und verstärkte Atmung feststellen. Hier ist dann wieder der vielzitierte Satz von der sparsamen Fütterung und den regelmäßigen Wasserwechseln angesagt. Nitrit- und Nitratwerte messe ich in meinem Aquarienwasser photometrisch, wie auch ab und zu die Werte von Phosphat und Ammonium. Den pH-Wert und die elektrische Leitfähigkeit ermittle ich auf elektronischem Weg. Für alle anderen aquarienspezifischen Wasserwerte verwende ich Reagenztests. Die Messungen finden meist wöchentlich zwischen den Wasserwechseln statt. Von den sogenannten „Multisticks“, also Teststreifen zur Ermittlung der Wasserwerte, halte ich nicht allzuviel. Sie vermitteln höchstens oberflächliche „Etwa-Werte“. Auch wenn die elektronischen oder photometrischen Meßgeräte sehr teuer sind; wer sie besitzt, wird wissen und einschätzen können, wie solche (ebenfalls recht teuren) Teststreifen zu irritieren und „mogeln“ vermögen, ja manchmal sogar vollkommen falsche Werte anzeigen. Schon das falsche Licht beim Betrachten der Streifen kann hier eine ausschlaggebende (verfälschende) Rolle spielen. Ähnliches kann dem Aquarianer und Hobbylaboranten aber auch bei den Reagenztests passieren.

Mittlerweile geht aber die Preistendenz bei den Meßgeräten schon etwas nach unten, so daß sie erschwinglich werden. Allerdings sind solche Geräte auch nach dem Kauf weiterhin kostenintensiv. Dabei ist an den Verbrauch von Batterien, Reagenzien, Eich- und Pflegelösungen zu denken. Jeder Aquarienfreund muß selbst entscheiden, ob er solche Meßgeräte auch wirklich braucht. Auch die im Vergleich viel billigeren Reagenztests aus dem Zoohandel können ziemlich sicher und relativ aussagefähig sein.

Tip: Regelmäßige Wassertests können die Fische, die Pflanzen und damit den Aquarianer vor manchen unliebsamen Überraschungen schützen.

Sie zeigen den notwendigen Wasserwechsel an, der in jedem Falle regelmäßig – etwa alle zwei Wochen zu 30 bis 40 % – erfolgen muß. Wassertests warnen vor Veränderungen im Chemismus des Aquarienwassers und weisen auf mögliche Pflegefehler hin. Die Berücksichtigung der Ergebnisse aus den Tests kann den Ausbruch von Krankheiten verhindern und vor einer Algenplage schützen.

Noch ein Wort zur Nutzung des Aquarienabwassers nach den (bei Malawiseecichliden am besten 50 %igen) Wasserwechseln: Als Gießwasser für Pflanzen und Gehölze in Haus und Garten läßt es sich allemal noch nutzen und spart dabei noch so manche Düngergabe ein. Zu diesem Zweck habe ich immer einen Vorrat in Kanistern im Keller stehen. In Regentonnen gefüllt, dient es zur Bewässerung von Koniferen, Kübelpflanzen und Gartenpflanzenanlagen am Haus. Sich in den Wasservorratsbehältern im Garten ansiedelnde Daphnien, Hüpferlinge oder Mückenlarven kommen dann sogar wieder den Fischen zu Gute.

Die Ernährung der *Aulonocara*

Die richtige Ernährung der Aquarienfische bedeutet ganz einfach definiert, daß sämtliche Nährstoffe zur richtigen Zeit, in einer verfügbaren Form, im richtigen Verhältnis und in der benötigten Menge vom Aquarianer angeboten werden.
Diese Nährstoffe setzen sich aus den Eiweißen (Proteinen), den Fetten (Lipiden), Zuckern (Kohlehydraten) und den Mineralstoffen und Wirkstoffen wie Calcium, Phosphat, Vitaminen und Spurenelementen zusammen.

Es ist ganz einfach zu umschreiben:
Es ist kein Problem, *Aulonocara* zu füttern. Es macht dem Aquarianer einfach Spaß, ihnen beim Fressen zuzusehen, aber er bekommt sie scheinbar kaum satt.

Schon aus diesem Grunde werden Kaiserbuntbarsche im Aquarium bedeutend größer als im Malawisee selbst. Regelmäßige und vor allem gute, proteinreiche Fütterung, Begrenzung der Bewegungsmöglichkeiten und das Fehlen natürlicher Feinde sorgen für dieses Wachstum.
Der Schritt zur beginnenden Verfettung ist nicht allzugroß. Laichunwilligkeit, Farblosigkeit und ein sich bildender Nackenbuckel sind die unwillkommenen Anzeichen hierfür. Die unförmige Körperfülle ist dann nicht zu übersehen. Dazu kommt noch eine deutlich gesteigerte Krankheitsanfälligkeit, die wiederum durch eine bei Überfütterung typische organische Belastung des Aquarienwassers gefördert wird.

Ein Aulonocara jacobfreibergi*-Männchen. Damit die Kaiserbuntbarsche ihre volle Färbung zeigen und somit ihr Wohlbefinden bekunden, ist eine ausgewogene fettarme Ernährung notwendig. Foto: H.-J. Richter*

Achtung: Das erste Fazit lautet – sparsam Füttern!

In anbetracht einer ständig hungrigen Meute *Aulonocara* ist dies für den Pfleger nicht einfach einzuschätzen und zu realisieren. Diese Malawiseecichliden hören erst auf zu fressen, wenn sie an den eingesammelten Nahrungsbrocken zu ersticken drohen. Dabei spielt natürlich auch der Futterneid den anderen Mitbewohnern gegenüber eine große Rolle.
In ihrem natürlichen Lebensraum, dem Malawisee, ernähren sich die Kaiserbuntbarsche von Wirbellosen wie Insektenlarven und kleinen Krebschen. Nahrung pflanzlichen Ursprungs spielt bei den *Aulonocara* kaum eine Rolle.
Eine besondere Eigenheit dieser Fische bei der Nahrungssuche wird von Experten als „Sand-Horchen" bezeichnet und kann auch im Aquarium beobachtet werden. Neben den *Aulonocara* praktizieren vermutlich auch Fische der Gattungen *Trematocranus* und *Alticorpus* diese Form der Nahrungssuche. Mit Hilfe von Sinnesgruben im Kopfbereich können die *Aulonocara* wahrscheinlich Futtertierbewegungen im Bodengrund und Sediment orten. Scheinbar regungslos verharren sie minutenlang über dem Substrat, um dann urplötzlich zuzustoßen. Sie beißen förmlich in den Untergrund und kauen die Nahrung heraus. Im Aquarium kann man *Aulonocara* häufig den Boden belauern sehen, nur wird dies von vielen Aquarianern nicht als „Sand-Horchen" erkannt. Es ist vor allem bei Wildfängen ausgeprägt. Bei *Tubifex*, Enchyträen oder Turmdeckelschnecken, die in den Bodengrund kriechen oder sich darin bewegen, kann der Aquarianer das Geschehen beobachten.
Wie schon erwähnt, spielt pflanzliche Nahrung für die Fische der Gattung *Aulonocara* im Malawisee nur eine untergeordnete Rolle. Trotzdem darf der Aquarianer auf die Verfütterung solcher Ballaststoffnahrung nicht verzichten. Ich habe die Erfahrung gemacht, daß dies so manches neue Blatt oder jungen Neutrieb im bepflanzten Aquarium retten kann. Besonders gern wird von meinen Kaiserbuntbarschen eine längs halbierte Gurke angenommen. Diese wird innerhalb kurzer Zeit ausgehöhlt, sollte aber im Hinblick auf eine Wasserbelastung nicht länger als einen Tag im Aquarium verbleiben.

Tip: Am besten befestigt der Pfleger das saubere Gemüse mit einem Gummi auf einem flachen Stein, damit es nicht auftreiben kann.

Pflanzliche Nahrung läßt sich natürlich auch in Form von Pellets oder Flockenfutter reichen. Dies wird ebenfalls gern angenommen, vorausgesetzt das Futter ist nicht zu fein. Überbrühte Salatblätter werden nur von einzelnen Exemplaren angenommen; meist wird der Salat nur zerfetzt. Zudem wird der Nährwert des Salats von vielen Aquarianern völlig überschätzt, der Salat enthält zwar Vitamine, spielt vom Nährstoffgehalt her aber keine Rolle.

Hinweis: Auch in speziellem Frostfutter wie „Malawi-Mix“ ist pflanzliche Kost enthalten und wird mitverzehrt.

Meine *Aulonocara* füttere ich hauptsächlich mit Lebendfutter. Dieses besteht aus den verschiedensten Futtertieren wie Weißen, Schwarzen und Roten Mückenlarven. Letztere wässere und spüle ich vor dem Verfüttern etwa drei bis vier Tage lang, da die Gefahr nicht ausgeschlossen werden kann, daß sie aus belasteten Gewässern stammen.

Über Nacht befinden sich diese Futtertiere dann in einem Bad mit einem Wasseraufbereitungsmittel zur Bindung möglicherweise enthaltener Schwermetalle, sie werden gleichzeitig leicht durchlüftet. Dies gilt auch für *Tubifex tubifex*, dem Schlammröhrenwurm.

Ich kann nicht behaupten, daß meine Fische mit den von einigen Autoren und Aquarianern als bedenklich bezeichneten Roten Mückenlarven und *Tubifex* Probleme haben oder hatten. Trotzdem bleibt beim Lebendfutter immer ein gewisses Risiko, sich Krankheitserreger ins Aquarium einzuschleppen.

Achtung: Aus Gewässern, die von Fischen bevölkert sind, sollten prinzipiell keine Futtertiere entnommen werden.

Gesetze, die der Regelung der Entnahme von Tieren aus der Natur dienen sollen, erschweren den Futtertierfang ohnehin oftmals. Eigentümer und Pächter von Gewässern wollen und müssen

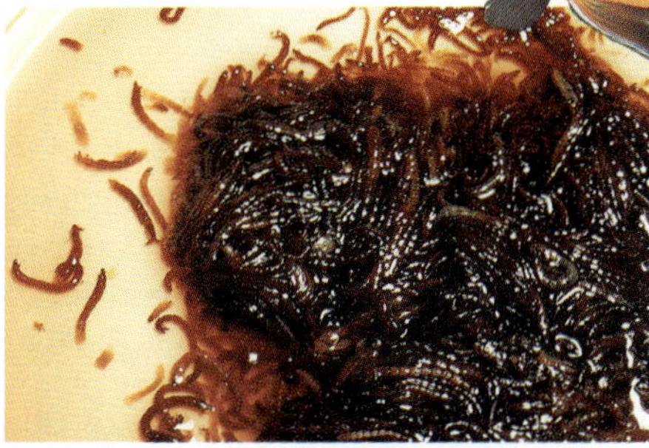

Rote Mückenlarven

Schwarze Mückenlarven

Futtertabletten, zum Teil mit Vitaminbrei versehen.

Futtergranulat

Fotos: bede-Verlag

Lebende Weiße Mückenlarven sind ein ausgezeichnetes Futter für Kaiserbuntbarsche. Foto: G. Schmelzer

sowieso vorher gefragt werden, was wohl manchesmal nahezu an Bettelei grenzt. Sogar von einer Bezahlung solcher „Fangrechte“ war schon zu hören – aber das nur am Rande.

Lumbriculus ist wie *Tubifex* zu den Schlammröhrenwürmern zu zählen, stammt aber aus klaren und unbelasteten Gewässern. Aufgrund seiner Größe und ziemlich heftiger Bewegungen wird er von den *Aulonocara* sehr gern angenommen. Die Suche nach ihm gestaltet sich für Aquarianer aber oftmals als ziemlich abenteuerlich und mühsam.

Weiterhin wäre natürlich *Artemia* zu nennen. Diese Salinenkrebschen sind ein hervorragendes Lebendfutter. Die *Artemia*-Nauplien eignen sich sehr gut zur Jungfischaufzucht. Ich persönlich praktiziere die *Artemia*-Aufzucht weniger, was wohl daran liegt, daß ich in den letzten Jahren oftmals mit den käuflich erworbenen *Artemia*-Eiern in bezug auf die Schlupfrate Pech hatte.

Es gibt genügend Alternativen, gerade in der Jungenaufzucht, so daß ich *Artemia*-Nauplien oder ausgewachsene Krebschen im Lebendfuttersortiment nicht für notwenig halte. Über das einfache Ausschlüpfenlassen der Eier hinaus beinhaltet die *Artemia*-Zucht einen gewissen Arbeitsaufwand, der auch nicht jedermanns Sache ist. Bei einer guten Qualität der Trockenzysten, die in jeder Zoofachhandlung zu erwerben sind, kann man aber bei der *Artemia*-Verfütterung nicht viel falsch machen. Fertige Zysten-Salzgemische sind – ebenso wie verschiedenes Aufzuchtgerät – im Handel erhältlich.

Im Keller züchte ich in Styroporkisten Enchyträen, die von *Aulonocara* und anderen Cichliden ebenfalls sehr gern angenommen werden und vor allem – wie auch Mikrowürmer – in der Jungfischaufzucht sehr gute Dienste leisten. Von einer regelmäßigen Verfütterung muß aber in anbetracht des Fettgehalts der Enchyträen abgeraten werden.

Einen Zuchtansatz dieser weißen, etwa 1 bis 3 cm langen Würmer kann man oft in einer Zoohandlung erhalten. Dunkel und kühl, bei etwa 10 bis 18 °C aufbewahrt, am besten im Keller in feuchter humoser Laubwalderde, ist die Zucht dieser Futtertiere kein Problem.

Unter eine Glasscheibe, die auf das Substrat gelegt wird, gibt man ab und zu Haferflocken, Kartoffel- oder Gemüsebrei oder eingeweichtes Weißbrot. Letzteres versetze ich hin und wieder mit Vitaminpräparaten, was schließlich wieder den Fischen zugute kommt.

Achtung: **Temperaturen weit über 20 °C oder verschimmeltes Futter sind für Enchyträen absolut unverträglich.**

Mitunter besiedeln Milben zusätzlich die Erdoberfläche. Ich halte sie aber höchstens für Nahrungskonkurrenten der Würmer.

Manchmal finden sich in Aquarienzeitschriften verschiedene Inserate betreffs Enchyträenzuchtansätzen oder ganzer Zuchtkisten. Mit diesen Angeboten habe ich allerdings schlechte Erfahrungen gemacht. Die versprochene Menge Würmer ist meist nicht enthalten oder sie gehen während des Transports ein. Indiskutabel ist oft auch die Qualität des Substrats.

Stöbert man mal in einem gesunden Gartenkomposthaufen, so wird man schnell sehen, was Enchyträen mögen: Sie halten sich in der kühleren Tiefe des Humus auf.

Ein weiteres traditionelles Lebendfutter sind Daphnien, allgemein als „Wasserflöhe“ bezeichnet. Sie sind nicht so gehaltvoll wie Enchyträen, dafür aber reich an Ballaststoffen.

Hüpferlinge wie *Cyclops* oder *Diaptomus* werden allerdings von älteren und größeren *Aulonocara* oft einfach übersehen. Dafür sind sie für die Aufzucht von Jungfischen um so besser geeignet. Ich ziehe sie hierfür sogar den Artemien vor. Bei ihrem Fang hat man zusätzlich noch ein Naturerlebnis pur.

Daphnien lassen sich fast bis zu einer Woche hältern, in einem Wasserfaß im Garten sogar noch länger. Ich praktiziere dies auch im kühlen Keller, in kleinen Plastikbecken mit fünf Litern Fassungsvermögen, ausgestattet mit einem Ausströmer.

So, leicht durchlüftet und eventuell sogar ein wenig mit *Artemia*-Aufzuchtstaubfutter gefüttert, kann man sich zu viel erbeutetes „Tümpelfutter“ über mehrere Tage einteilen.

Auch Bachflohkrebse eignen sich sehr gut zur Verfütterung an Malawiseecichliden. Ihr Fluchtverhalten reizt die Fische bis aufs Äußerste zur Jagd.

„Wiesenplankton“, das heißt frischgefangene Insekten wie Fliegen, Mücken oder Spinnen, eben die sogenannte „Anflugnahrung“ steht ebenfalls auf dem Speiseplan meiner „Kaiser“.

Dazu gehören auch Regenwürmer, möglichst aus dem eigenen Garten. So kann ich sicher sein, daß der Darminhalt dieser Erdproduzenten meinen Fischen auch in Hinsicht auf Mineralstoffe zuträglich ist. Vor dem Verfüttern sollten Regenwürmer gründlich gespült werden, denn sie produzieren eine Schleimschicht, die bei einigen Fischen eine Unverträglichkeit hervorrufen soll.

Bei einer Fütterung von lebenden Weißen und Schwarzen Mückenlarven ist übrigens mit einer baldigen und guten Laichansatzbildung zu rechnen. Vorausgesetzt natürlich, auch alle weiteren Lebensbedingungen der Cichliden befinden sich im optimalen Bereich.

Die Frage nach dem „wie oft und wieviel füttern“ wird immer wieder gestellt und diskutiert:

Erfahrungswerte dürften hier die Hauptrolle spielen. Sich schnell bildende Algenrasen, kränkelnde „runde“ Fische und versottete Filter weisen schon auf ein Zuviel des Guten hin. Und von ver-

Jeder Aquarianer ist bei der Fütterung seiner Fische in bezug auf die Aquariengröße, die Besatzdichte und die Futterart selbst gefordert, das rechte Maß zu finden. Es gibt weder einen Geheimtip noch eine Grundformel!

hungerten Aquarienfischen habe ich auch noch nie gehört!

Allgemein wird oft gesagt, was nicht innerhalb von fünf Minuten gefressen wird, ist zuviel. Doch ich halte schon diese fünf Minuten für zu lang, ich würde eher von zwei Minuten sprechen. Aber das hängt natürlich von der Art, Größe und Zahl der Fische – also vom Gesamtbesatz – ab.

Ich füttere meine Malawiseebuntbarsche, auch die Jungfische, dreimal am Tag. Sobald einzelne Nahrungsteilchen nicht mehr hastig und gezielt weggeschnappt werden, ist die Fütterung beendet. Dabei werden immer nur kleinere Portionen in das Aquarium gegeben. So kann die Fütterung in meinem 800 l-Schauaquarium schon mal 15 Minuten dauern. Aber ist es nicht so, daß diese Tätigkeit für den Aquarianer zu den schönsten und interessantesten Pflegemaßnahmen gehört?

Niemals verfüttere ich mehrmals am Tage das Gleiche. Eine Mahlzeit besteht aber immer aus pflanzlicher Kost. Ganz gleich, welche Art der Malawiseecichliden es betrifft.

Jungfische werden bei mir schon ab dem Freisetzen durch die Mutter auch mit größeren Futterteilchen oder Futtertieren konfrontiert. So lernen die Fische schon von klein auf, um ihre Nahrung zu kämpfen. So, wie sie es in der Natur auch müssen.

Meinen *Aulonocara* verabreiche ich auch Trockenfuttersorten verschiedenster Art – aber nur Markenartikel! Hierbei muß ich einfügen, daß dieses Futter nicht allzulange schwimmen darf. *Aulonocara* mögen es nicht, sich ihr Futter von der Wasseroberfläche holen zu müssen, es sei denn, es bewegt sich – dies liegt in der Natur der Fische.

Protomelas oder *Copadichromis* „agieren“ da wiederum anders. Die Vertreter dieser Gattungen sammeln sofort alles an der Oberfläche schwimmende ein.

Futtersorten ohne Farbzusätze ziehe ich vor. *Aulonocara* neigen nach meinen Erfahrungen bei den bunten Futtergemischen einiger Hersteller zu hektischen Reaktionen. Dabei wedeln sie die Flocken eher in alle Aquarienecken, als daß sie diese fressen. Das Trockenfutter sollte etwas gröberer Struktur sein, so wie dies bei Großflocken, Pellets oder Sticks der Fall ist. Mit Granulaten habe ich keine guten Erfahrungen gemacht. Diese müßten vor dem Verfüttern zumindest eingeweicht werden, um von den Malawiseecichliden besser angenommen zu werden.

Natürlich gilt der Grundsatz des sparsamen Fütterns speziell auch für das Trockenfutter, welches ungefressen das Wasser allzuschnell belasten und regelrecht verderben kann. Dann hilft nur noch ein rascher und kräftiger Teilwasserwechsel.

Auch Futtertabletten werden gern genommen. Hervorheben möchte ich hier die *Spirulina*-Tabletten mit ihrem hohen Anteil an *Spirulina*-Algen.

Planktontabletten werden von meinen Kaiserbuntbarschen ebenfalls gern gefressen, von größeren *Aulonocara* sogar im ganzen verschluckt.

Kraft und Gesundheit der heranwachsenden Fische sind das Resultat einer guten Ernährung – wie bei diesem Aulonocara jacobfreibergi-*Männchen. Natürlich gibt es auch „Verlierer“ – dafür aber keine Schwächlinge. Foto links: H.-J. Richter*

Im Ausschnitt: Aulonocara stuartgranti *„Londo“. Foto: J.-U. Bartling*

Ein junges Aulonocara baenschi-*Männchen, am Nkhomo Reef fotografiert. In der Natur wirken die Fische nur selten wohlgenährt. Im Hintergrund:* Maylandia lombardoi. *Foto: Ad Konings*

Aulonocara-Nachzuchten lassen sich auch leicht und problemlos mit feinem, speziellen Trockenaufzuchtfutter heranziehen. Gute Futterflocken, zwischen den Fingern zerrieben, eignen sich ebenso. Solches Futter wird ohne Schwierigkeiten angenommen und bildet eine echte Alternative zu *Artemia*-Nauplien oder *Cyclops* als lebende Aufzuchtnahrung. Die Jungen picken auch unmittelbar nach dem Freischwimmen an einer angebotenen Futtertablette.

Wachstums- oder Gesundheitsnachteile konnte ich bei jungen Malawiseecichliden nach einer Anfangsernährung mit Trockenfutter nicht feststellen. Wohl deshalb, weil die Jungen nach etwa acht bis zehn Tagen schon weitaus gröbere Nahrung – wie etwa Lebendfutter – zu sich nehmen.

Aulonocara-Bruten mit geringerer Jungfischanzahl bringen größere und kräftigere Jungfische hervor. Diese fressen dann sofort nach dem Freisetzen sogar schon Enchyträen und kleinere *Tubifex*. Mit etwas Skepsis und Mißtrauen stehe ich dem allseits beliebten und verwendeten Frostfutter gegenüber. Kurz

gesagt, bin ich mißtrauisch. Wer einmal Gelegenheit hat, den Nitratgehalt des Aquarienwassers genau (also photometrisch) zu messen, und zwar vor und nach dem Verfüttern von Frostfutter, wird meine Bedenken sicherlich verstehen. Das Verabreichen dieser Futtersorte bedeutet fast immer einen zum Teil sogar sehr hohen Nährstoffeintrag, vor allem von Phosphaten. Zum einen hängt das – neben der Qualität der Frostware – von der Art und Weise des Verfütterns durch den Aquarianer ab. War das Frostfutter auf dem Weg vom Hersteller über den Händler hin zum Aquarianer vielleicht schon mehrmals angetaut, also die Gefrierkette unterbrochen, dann ist es naheliegend, welch schlechtes Futter im Endeffekt zur Verfütterung ins Aquarium gelangt. Natürlich spielt auch die Qualität der Futterware vor dem Einfrieren beim Hersteller eine große Rolle. Der Kauf und das Verfüttern von Frostfutter ist also auch eine Vertrauensfrage.
Zu guter Letzt ist aber das „Wie" des Verfütterns ausschlaggebend für den Nährstoffschwall, der dabei in unsere heimische Unterwasserwelt gelangt.
Die Geister scheiden sich, ob man Frostfutter erst auftauen oder in gefrorenem Zustand verfüttern sollte oder kann. Ich habe beide Meinungen oft gehört und beide Praktiken bei verschiedensten Aquarianern, Züchtern und Zoohändlern gesehen. Es ist darüber viel diskutiert und geschrieben worden.
Taut man das Futter erst auf und gießt die Auftauflüssigkeit weg, so ist mit Sicherheit ein großer Teil der belasten-

Aulonocara baenschi-*Männchen einer roten Variante.*

Aulonocara *cf.* hansbaenschi-*Männchen Foto: Dr. J. Schmidt*

Aulonocara korneliae *von der Insel Chizumulu.*

Aulonocara maylandi-*Männchen, auch* Aulonocara *„Sulphurhead" genannt. 3 Fotos: J.-U. Bartling*

Frostfutter der unterschiedlichsten Sorten ist durchaus auch für Kaiserbuntbarsche geeignet. Foto: bede-Verlag

den Stoffe entfernt. Andererseits ist das Futter selbst beim Füttern schon nicht mehr das frischeste, da der Zersetzungsprozeß oder Fäulnisvorgang schon mit dem Auftauen eingesetzt hat.
Durch den Einfluß von Licht und Wärme erfolgt auch der Abbau einzelner Vitamine. Ich glaube nicht, daß Malawiseecichliden Schaden durch Futter nehmen, das gefroren gereicht wird.
Aber auch dazu gibt es eben vielerlei Standpunkte. Die einen halten die Fischmägen für zu empfindlich, die anderen meinen, bis das Futter im Magen oder Darm ist, sei es aufgetaut; ich neige doch mehr zu letzterer Ansicht.
Allerdings bevorzuge ich das Auftauen und Versetzen des Frostfutters mit einem Vitaminpräparat. Vor allem bei gefrorenen Mückenlarven, Artemien, Daphnien, *Mysis*, Shrimps und anderer tierischer Frostware. Grünfutter und ähnliches reiche ich in gefrorenem Zustand. Wie ich schon sagte, bin ich kein großer Fan von Frostfutter, und so gebe ich meinen Cichliden diese Nahrung nur drei- bis viermal in der Woche.
Man kann sich sein Frostfutter aber auch selbst herstellen. Sei es aus selbstgefangenen Futtertieren oder mit Gemüsesorten versetzt. In Gelatine kann es dann eingefroren werden. Auf alle Fälle weiß man da als Aquarianer, was man „im Frost" hat und an seine Fische verfüttert. Übrigens: Gelatine als Bindemittel ist sehr nahrhaft!
Da die gesunde Ernährung seiner Fische jedem Aquarianer am Herzen liegen wird, rate ich beim Kauf von Fischfutterarten und -sorten zu Markenartikeln, auch wenn diese ihren Preis haben. Dies gilt vor allem für Trockenfuttersorten.
Abgepacktes, eingeschweißtes Lebendfutter sollte seinem Namen alle Ehre machen: Es muß leben und darf nicht verpilzt in einer trüben Brühe schwimmen. Auf alle Fälle muß es vor dem Verabreichen genauso wie loses Lebendfutter aus der Zoohandlung gründlich gespült werden.
Es ist bei den Malawiseecichliden auf Abwechslung und auch bei Kaiserbuntbarschen wie den *Aulonocara* auf ballaststoffreiche Nahrung – also eine ausgewogene Ernährung – zu achten. Die Fische werden es ihrem Halter mit Vitalität, prächtiger Färbung und Gesundheit danken.

Krankheiten bei *Aulonocara*

Gesunde Aquarienfische sind zumeist anhand ihrer prächtigen Färbung leicht als solche erkennbar – wie dieses Aulonocara maylandi-*„Sulphurhead"-Männchen. Foto: J.-U. Bartling*

Hier können keine tiefgreifenden medizinischen Abhandlungen vom Stapel gelassen oder mit wissenschaftlichen Begriffen um sich geworfen werden, aber auf den Punkt Krankheiten ist in diesem Buch dennoch kurz einzugehen. Es gibt genügend gute bis hervorragende Literatur zu Erkrankungen und ihrer Bekämpfung in der Zierfischhaltung. Bücher zu diesem Thema – wie D. UNTERGASSER: Ihr Hobby Gesunde Aquarienfische – sind im Handel erhältlich.

Der Pfleger von Malawiseecichliden, hier speziell der Liebhaber von *Aulonocara*, sei auch auf die beiden Bände „Gesunde Diskus und andere Cichliden" von Dieter UNTERGASSER hingewiesen. Mit dieser Lektüre hat man eine wirklich gute literarische Anleitung im Kampf gegen Fischerkrankungen bei der Hand.

Es ist auch davon auszugehen, daß im Zoofachhandel Rat und Hinweise zum Einsatz und zu den Wirkungen von angebotenen Medikamenten gegeben werden können: Fragen Sie einfach, und bohren Sie auch nach, wenn Sie nicht zufrieden sind!

Von Mitteln, bei denen der Hersteller die Zusammensetzung nicht angibt, sollte man in jedem Falle Abstand nehmen. Der Aquarianer muß beim Gebrauch jeglicher Medikamente die Regel „Viel hilft viel" schleunigst vergessen!

Gleiches gilt natürlich für die Einwirkungszeiten, bestimmte Erfahrungswerte eines Profiaquarianers sind da eine andere Sache. Diese Erfahrungen können auch zum Teil sehr unterschiedlich sein. Dieses Buch ist für den „Otto-Normalaquarianer" und für den Einsteiger

Hinweis: Den Angaben über Dosierungen und Konzentrationen von Medikamenten gegen Fischkrankheiten muß der Aquarianer schon Glauben schenken.

in die *Aulonocara*-Pflege bestimmt und soll niemanden verunsichern.

Malawiseebuntbarsche können getrost als robuste Fische bezeichnet werden, und dazu gehören auch die *Aulonocara*. Hauptsächlich die unsachgemäße und nicht artgerechte Haltung kann aber auch diese schönen Cichliden erkranken lassen. Ursachen können schon ständige Überfütterung oder zu seltene Wasserwechsel sein. Die Erhaltung und Stärkung des Immunsystems der Fische hat für den Aquarianer die höchste Priorität, das heißt, er muß den Fischen stets beste und günstigste Hälterungsbedingungen bieten.

Achtung: **Das Immunsystem, also die natürliche körperliche Abwehrkraft, ist die beste Medizin – eigentlich gilt das ja für jedes Lebewesen.**

Die natürlichen körpereigenen Abwehrkräfte können aber durch verschiedenste Faktoren geschwächt werden. Einer davon ist zum Beispiel der Streß. Streßauslöser kann bei Malawiseebuntbarschen ein permanenter Überbesatz im Aquarium, aber auch die Haltung zu weniger Exemplare sein, also eine falsche Vergesellschaftung. Stellen Sie sich ein Leben in einer Ihnen aufgezwungenen Umgebung mit sehr vielen Menschen vor, denen Sie nicht ausweichen können, oder aber eine Umgebung ohne Kontaktpersonen!

Sauerstoffmangel, falsche Fütterung oder schlechte Filterung sind weitere Streßfaktoren. Auch bei einer falschen Aquarieneinrichtung fühlen sich Malawiseecichliden nicht wohl, so beispielsweise bei fehlenden Höhlen oder anderen Verstecken. Zu scharfkantiges Einrichtungsmaterial wie Lavagestein (besser ist Lochgestein) kann beispielsweise leicht zu Verletzungen der Schleimhäute und der Augen führen, etwa bei Streitereien, Jagereien und auch beim Brutgeschäft. Bei geschwächten Fischen oder in zu stark belastetem Wasser können ernsthafte Infektionen der entstandenen Wunden und Schleimhautläsionen verursacht oder gefördert werden.

Aulonocara reagieren oft empfindlich auf Nitrit oder auch auf zu hohe Nitratwerte über 30 mg/l. Schnell sondern sich dann einzelne Fische ab, färben sich dunkel und verweigern die Nahrung.

Auflösungserscheinungen in Form von kleinen Löchern im Stirn-Kopfbereich kündigen die „Lochkrankheit" an, die primär ihre Ursache in Vitamin D- und Mineralstoffmangel (Phosphor, Calcium, Magnesium) haben dürfte.

Weißlicher, fädrig-schleimiger Kot tritt oft gleichzeitig auf, was auf Darmparasiten (Flagellaten) hinweist, die vielleicht für die Mangelerscheinungen mitverantwortlich sind. Betroffene Fische sind apathisch und magern stark ab. Eigentlich wird ein Zusammenhang zwischen der Lochkrankheit und zum Beispiel *Spironuclens*- (*Hexamita*-)Infektionen bezweifelt. Ein Wirkstoff wie Metronidazol ist recht erfolgreich gegen Darmflagellaten, Medikamente wie Hexa-ex oder Hexamita können ebenfalls zuverlässig helfen.

Zu wenige vergesellschaftete Aulonocara *bedeuten Streß für die Fische (s. S. 42). Malawiseebuntbarsche können getrost als robuste Fische bezeichnet werden, und dazu gehören* auch die Aulonocara. *Hauptsächlich die unsachgemäße und nicht artgerechte Haltung kann aber selbst diese Cichliden erkranken lassen. Foto:* H. Custers

Beschädigungen der Hornhaut können durch Verletzungen infolge Streitereien der Fische untereinander oder durch Kratzen oder Scheuern am Gestein entstehen. Zur Behandlung ist Ektozon sehr empfehlenswert, ein Gemisch verschiedener Salzverbindungen, das beim Einsatz auch Sauerstoff ins Aquarium einbringt. Im Bild: Aulonocara *sp. „Iwanda" oder „Red Top". Foto: J.-U. Bartling*

Auch Hautparasiten können bei Kaiserbuntbarschen ein Thema sein, vor allem bei schlechten Wasserbedingungen, meist in Verbindung mit unzureichenden Wasserwechseln.

Das Verabreichen von Lebendfutter birgt das Risiko, Erreger ins Aquarium einzubringen. Anzeichen für Infektionen sind ständiges Scheuern der Fische an den verschiedensten Einrichtungsmaterialien sowie Flossenklemmen, Zuckungen und Windungen des ganzen Leibs. Auffallend sind auch Hauttrübungen, weißlich-grauer „Staub" bei *Oodinium* oder – den Aquarianern bekannten weißen Pünktchen – bei *Ichthyophthirius*-Befall.

Im Handel erhältliche Mittel mit Malachitgrünoxalat oder Methylenblau schaffen hier Abhilfe. Medikamente wie Exit, Rabomed oder Costa-med wirken ebenfalls schnell und zuverlässig. Vorsicht – diese Mittel färben stark!

Bei bakteriellen Hauterkrankungen wie Geschwüren, Aufbrüchen und Flossenfäule ist der Wirkstoff Nifurpirinol anzuraten. Auch bei Befall der inneren Organe wie zum Beispiel auch der „Schuppensträube" oder bei „Bauchwassersucht" ist dieser Stoff gelegentlich sehr hilfreich. Aqua-Furan, Baktopur direkt oder Vita-Furan wären hier angezeigte Medikamente. Speziell bei intensiven Kurzbädern erkrankter Fische mit diesen Mitteln muß die Dosierungsanleitung genau beachtet werden.

Wie eingangs schon erwähnt, kann es bei Streitereien der Cichliden untereinander, aber auch beim Herausfangen und Transportieren zu Verletzungen der empfindlichen Schleimhaut und der Augenhornhaut kommen. Wird der geschädigte Fisch dann unter ungünstigen Bedingungen weitergehältert, so kann dies zu Verpilzungen der Wunden und Eintrübungen der Augenhornhaut führen.

Ein „dick und rund genudelter“ Aulonocara jacobfreibergi, *der offensichtlich zu viel und zu fettreiche Nahrung erhielt. Folgeerkrankungen bleiben dann nicht aus. Foto: H. Custers*

Bei letzterem können aber auch Erreger wie Bakterien oder Würmer für den „trüben Blick“ sorgen. Im Zoohandel werden Mittel gegen Verpilzungen angeboten, zum Beispiel Furamor, FungiStop, Antimaladin oder Mycopur.

Gegen Pilze und einige andere Erreger und Parasiten kann man sich als Aquarianer mit Kochsalz behelfen. Anzuraten ist dies aber nur in unbepflanzten Aquarien, denn die Unterwasserflora könnte nachhaltigen Schaden nehmen – Salz ist bis 2 g/l meist unkritisch und üblich.

Kochsalz soll auch gegen die Weißpünktchenkrankheit (*Ichthyophthirius*), *Oodinium* und Kiemenwürmer helfen. Es ist klar, daß diese Konzentrationen die Parasiten nicht abtöten. Es wird vermutet, daß das Salz die Schleimhautproduktion anregt – in dieser sind die Abwehrstoffe enthalten. Salz wirkt deshalb bei vielen Hautparasiten sehr gut. Je nach dieser Konzentration, also von 1 bis 20 g/l richtet sich dann die Art der Anwendung, ob Kurz- oder Dauerbad. Bei Kurzbädern in hoher Konzentration (5 bis 15 Minuten bei 10 bis 20 g/l) müssen die Patienten unter ständiger Beobachtung bleiben, um sie bei abnormen Bewegungen oder einsetzender „Seitenlage“ sofort dem Bad entnehmen und in sauberes Aquarienwasser setzen zu können. Ich konnte vor Ort feststellen, daß eigentlich fast jeder Cichlide im Malawisee Parasiten auf der Haut, den Flossen, Kiemen, im Blut und im Darm trägt. Nur besteht hier ein natürliches Gleichgewicht zwischen den Fischen und den Parasiten. Eigentlich ist dies zu erwarten, denn die Parasiten sind nicht daran „interessiert“, daß ihr Wirt verendet.

Transportstreß und vielleicht auch noch Fangverletzungen können aber solche Wildfänge schwächen. Oftmals sind sie auch noch von Wurmlarven befallen. Das Immunsystem kann den Krankheitsaus-

bruch nicht aufhalten oder gar verhindern. Der Fisch erkrankt zwangsläufig. Somit ist zumindest bei Wildfängen eine mehrwöchige Quarantäne angebracht. Man kann davon ausgehen, daß Importcichliden anfälliger gegenüber schlechten und ungenügenden Haltungsbedingungen und damit Krankheiten sind, als dies bei Nachzuchten, die Aquarienbedingungen mit allem für und wider gewohnt sind, der Fall ist. Um eine Immunität oder Resistenz einzelner Erreger zu verhindern, halte ich nichts vom Verabreichen vorbeugender Medikamente.

Oftmals habe ich es auch erlebt, daß Malawiseecichliden selbst mit einer Krankheit fertig werden können, sofern ihr Pfleger die Haltungsbedingungen verbessert und optimiert hat. Man muß also als Halter von Fischen auch in dieser Hinsicht Geduld und Beobachtungsgabe besitzen.

Nicht immer erreicht man das beste Ergebnis, indem man sofort Medikamente einsetzt. Auch ein kräftiger Wasserwechsel mit einem guten schleimhautaufbauenden und schützenden Wasseraufbereiter sowie die Zugabe von reinigenden Bakterienkonzentraten für die Förderung der biologischen Filtertätigkeit können bereits hilfreich sein.

Gelegentlich schwächeln unsere Exoten über Wochen und Monate und erkranken schließlich. Ursache können Vergiftungen oder die verschiedensten Krankheiten sein. Der Einsatz von Antibiotika ist unsicher – und nicht alle Medikamente mit dem gleichen Wirkungsbereich bringen auch den gleichen Erfolg.

Achtung:
Gifte lagern und reichern sich über einen längeren Zeitraum in einzelnen Organen (Leber, Nieren) an, bis die Fische plötzlich und ohne erkennbaren Grund das Zeitliche segnen.

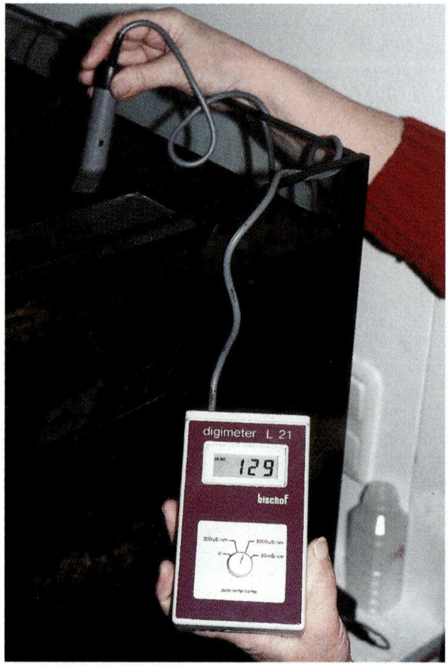

Eine genaue Kontolle der Wasserwerte ist die Voraussetzung zur Gesunderhaltung der Malawiseecichliden. Foto: Dr. J. Schmidt

Hier nochmals: Viel hilft nicht viel; viel kann aber viel Schaden anrichten. Die Menge macht das Gift!

Es ist gelegentlich sogar möglich, Medikamente aus der Humanmedizin in der Aquaristik anzuwenden. Dies scheint mir aber ein recht riskantes Unterfangen zu sein und darf nur in Absprache mit dem Tierarzt erfolgen.

Bildet sich bei den Bakterien, die letztendlich den Aquarianer befallen können, dabei mit der Zeit eine Resistenz gegen die den Fischen verabreichten Antibiotika, so werden solche Medikamente beim Aquarianer – im Falle einer Infektion – nicht mehr wirken.

Viele der in der Zierfischhaltung anzuwendenden Medikamente können auch

Feiner Sand, den die Cichliden durchkauen können und von dem sie einen gewissen Teil verschlucken, ist für ihr Wohlbefinden wichtig. Foto: Y. Tavernier

für den Menschen stark giftig sein. Es ist eigentlich unnötig zu erwähnen, daß auch Medikamente aus der Veterinärmedizin sicher und geschützt vor Kinderhänden aufbewahrt werden müssen! Bei der versehentlichen Einnahme solcher Mittel durch Einatmen oder Verschlucken muß immer ein Arzt konsultiert und dabei die Originalverpackung und der Beipackzettel vorgezeigt werden. Bei solchen Unfällen ist immer von einer Vergiftung auszugehen!

Medikamente aus der Humanmedizin müssen immer streng getrennt von Mitteln aus der Veterinärmedizin aufbewahrt werden! Denken Sie bitte als Aquarianer auch daran, daß die von Ihnen eingesetzten Medikamente am Ende unserer Umwelt zugeführt werden – mit allen belastenden Konsequenzen.

Der Wasserwechsel nach einer Medikamentenbehandlung sorgt dafür, daß diese Stoffe in die Kanalisation gelangen, gelegentlich sogar ins Grundwasser, und folglich mit dem Klärschlamm auf unsere Felder. Schließlich dürfen wir uns nicht wundern, daß manche Bakterien- oder Virenstämme resistent gegen die uns zur Verfügung stehenden Medikamente und Wirkstoffe sind. Dies kann auch Auswirkungen bis hin zur Humanmedizin haben. Somit verstehen sich für den Aquarianer Sorgfalt, Sparsamkeit und genaue Abwägung beim Medikamenteneinsatz in der Zierfischhaltung von selbst.

Eine Haftung für Verluste und Schäden beim Umgang und nach Einsatz von Medikamenten, Wirkstoffen und Chemikalien bei der Behandlung von Fischen werden von Autor und Verlag ausgeschlossen!

Ein Aulonocara rostratum-*Männchen von Kande. Foto: Ad Konings*

Ein Aulonocara sp. „türkis"-*Männchen – eine zweifelhafte Zuchtform. Welche „Kaiserbuntbarsche" sollen noch in „Züchter"-Hand entstehen? Fotos: J.-U. Bartling*

Einige bekannte *Aulonocara* und ihre Vorkommen

Oben: *Ein bei Chiwindi fotografiertes* Aulonocara stuartgranti-*Männchen.*
Unten: A. stuartgranti-*Männchen von Cóbué.*
Fotos: Ad Konings

Am geläufigsten wird dem Liebhaber von Kaiserbuntbarschen wohl

Aulonocara stuartgranti

mit all seiner Vielzahl von Standortvariationen und Populationen sein. Hier einen Überblick zu behalten, ist sehr schwer. Sein Vorkommen erstreckt sich an der Nordwestküste von Ngara bis hinunter zur Insel Kande, an der Ostküste in Tansania vom Ruhuhu-River bis nach Süden in den malawischen Nationalpark zum Makanjila-Point und Eccles Reef.
Die Populationszuordnung ist zum Teil recht verworren. So wird einerseits vom *Aulonocara stuartgranti* „Usisya" gesprochen, andererseits diese Art als *Aulonocara steveni* bezeichnet.
Einige wenige Standortvarianten von *Aulonocara stuartgranti* sind beispielsweise „Chilumba", „Cobue", „Maulana" und „Chiwindi".

Aulonocara jacobfreibergi *Foto: Y. Tavernier*

Aulonocara steveni

kommt hauptsächlich an der Westküste zwischen Hai Reef, Undu-Point und dem gesunkenen Ponton vor Mbamba Bay vor. Dort trifft man diese Art sogar gemeinsam mit

Aulonocara jacobfreibergi

an. Zu Kreuzungen scheint es dabei nicht zu kommen. Standorte von *Aulonocara jacobfreibergi* sind Undu und die Insel Hongi, verbreitet bis in den tiefen Süden zum Otter Point.

Aulonocara jacobfreibergi *sp. „Eureka" (= Handelsbezeichnung) Foto: Y. Tavernier*

Eine Variante von *Aulonocara jacobfreibergi* ist die wunderschöne, eigenständig aufgeführte Form:

***Aulonocara* sp. „Mamelela".**

Die Männchen dieses Cichliden bestechen mit blauviolett gefärbtem Körper und strahlend gelben Flossen. Diese Variante ist vor allem bei Undu Point und dem Hai Reef zu beobachten.

Aulonocara aquilonium *von Mdoka Foto: Ad Konings*

Recht ähnlich zu *Aulonocara jacobfreibergi* und auch *A.* sp. „Mamelela", aber nicht als geographische Form dieser beiden Arten zu betrachten, ist:

***Aulonocara* „Iwanda",**

nach einem einheimischen Fischfänger benannt. Nachgewiesen und beobachtet wurde *Aulonocara* „Iwanda" beim Hai Reef in Tansania, nahe der mosambikanischen Grenze.

Aulonocara baenschi *Foto: M. Matzusaka*

In letzter Zeit oft importiert, ist dieser Kaiserbuntbarsch auch als *Aulonocara* „Yellow Top" im Handel zu finden. Für meinen Geschmack ist der *Aulonocara* „Iwanda" gemeinsam mit den beiden zuvor genannten Arten das so ziemlich farbenprächtigste, was die Gattung *Aulonocara* zu bieten hat.

Aulonocara baenschi *Foto: AquaPets, Taiwan*

Aulonocara korneliae *Foto: Ad Konings*

Aulonocara hueseri *Foto: Ad Konings*

Aulonocara baenschi *„rot" Foto: J.-U. Bartling*

Aulonocara baenschi
kommt am Nkhomo Reef, Maleri Island bis Chipoka und im Südwesten vor. Am häufigsten ist die gelbe Variante. Es treten aber auch Individuen mit gelb-orangenem Farbton auf, besonders oft ist dies bei Chipoka der Fall. Gezielte und ausgewählte Weiterzucht, bei spezieller Ernährung (zum Beispiel *Artemia* und *Spirulina*), läßt dann mit der Zeit schöne zinnober- oder ziegelrote *Aulonocara baenschi*-Männchen heranwachsen. Diese Farbform wird dann oft als *Aulonocara* „Red Rubin" angeboten.
An der Insel Chisumulu begegnet man
Aulonocara korneliae,
einer Art, die
Aulonocara hueseri
von der Insel Likoma ähnelt. Dem „Hueseri" fehlt dabei allerdings die orangerote Schulter der Männchen.
Eine ebenfalls sehr schöne Art ist
Aulonocara maylandi,
bei der die Männchen eine gelbe Stirnblesse aufweisen. Diese Art wird auch Sulfurhead-*Aulonocara* genannt.
Ähnlich, aber mit weißblauem Kopf und Nacken zeigt sich
Aulonocara kandeense
von der Insel Kande. Manchmal wird er auch „Blue Orchid *Aulonocara*" genannt.
Aulonocara gertrudae
ist seeweit verbreitet, allerdings im Handel recht selten zu finden. Diese Art gehört zu den sandbewohnenden *Aulonocara*. Tiefe Kraternester mit einem Durchmesser von bis zu einem knappen Meter sind die Meisterwerke der Männchen.

Aulonocara kandeense-*Weibchen*
Foto: Ad Konings

Aulonocara gertrudae
Foto: Ad Konings

Aulonocara ethelwynnae
Foto: Ad Konings

Unten links:
Aulonocara *sp. Chitande type north von Chisumulu*
Foto: Ad Konings
Unten rechts:
Aulonocara *sp. Chitande type nkhomo*
Foto: Ad Konings

Aulonocara ethelwynnae,
auch *Aulonocara* northern oder Chitande genannt, findet sich zwischen Ngara und Chilumba. Die Weibchen dieser Art sind allerdings dunkler als die der sehr ähnlichen Chitande-Typen, wie zum Beispiel:
***Aulonocara* sp. Chitande type north** oder
***Aulonocara* sp. Chitande type nkhomo.**
Die Unterschiede und Färbungen der letzten drei Arten aufzuzählen und zu sortieren wäre allein Stoff genug für ein weiteres Buch über *Aulonocara*. Eine vereinfachte Katalogisierung aller *Aulonocara*-Arten und deren Varianten, angelehnt an Ad KONINGS: „Atlas der Malawiseecichliden", Band 1, dazu vor allem noch aktualisiert, käme allen *Aulonocara*-Liebhabern sicher sehr recht.
Es muß auch noch einmal darauf hingewiesen werden, daß im Handel auch viele Fantasienamen vergeben werden, was die Bestimmung einzelner *Aulonocara*-Formen noch zusätzlich erschwert. Da sind dann die Kompetenz und das Fachwissen des Händlers gefragt.

Die Vermehrung und Zucht von *Aulonocara*

Ein balzendes Aulonocara jacobfreibergi*-Männchen, bei Mbowe fotografiert. Foto: Ad Konings*

Beim einfachen Hobbyaquarianer, dem die Fortpflanzung von *Aulonocara* eher zufällig oder einmalig gelingt, wäre es wohl besser, von einer Vermehrung als von Zucht zu sprechen. Unter einer Zucht von Kaiserbuntbarschen verstehe ich den gezielten und professionellen Ansatz einzelner *Aulonocara*-Arten, unter Berücksichtigung der Reinerhaltung einzelner Standortvarianten und Farbrassen. Das heißt also auch, daß bei einer eventuellen Vergesellschaftung von *Aulonocara*-Arten der Umstand, daß diese sich untereinander kreuzen können, beachtet werden muß.
Entstehende Mischlinge sollten nicht in Umlauf gebracht werden; es sind leider schon zu viele Hybriden von Kaiserbuntbarschen im Handel und in den Heimaquarien verbreitet. Möchte man als Aquarianer Cichliden dieser Gattung zur Fortpflanzung bringen und Jungfische aufziehen, so wird jeder Freund von *Aulonocara* bestrebt sein, arten- und rassenreine Fische dazu anzusetzen.
Oft wird aber in den Zoohandlungen der Begriff Kaiserbuntbarsche zu sehr strapaziert. Häufig erfährt der Käufer nicht einmal den Artnamen, geschweige denn eine Standortbezeichnung. Ich habe erlebt, daß Händler im Verleihen von deutschen Fantasienamen anscheinend untereinander wetteifern. Es ist nun mal so: Beim Handel mit Tieren sind immer wieder Qualifikation und auch das Gewissen des Verkäufers gefragt!

Schon bei halbwegs günstigen Bedingungen werden Aulonocara *bald zur Fortpflanzung schreiten, das heißt bei einem pH-Wert über 7,5, gut gefiltertem, sauberem Wasser im Aquarium von ausreichender Größe, angemessener Fütterung und bei passender Vergesellschaftung. Foto: H. Custers*

Scheuen Sie sich als Kunde nicht, vor dem Kauf von Fischen Fragen zu stellen und die Aquarien des Händlers kritisch zu betrachten. Entdecken Sie gar Fischleichen oder deren Überreste? Stark veralgte Scheiben und Einrichtung? Gehetzte Fische mit zerrissenen Flossen, mit weißen Pünktchen oder Glotzaugen? Und wenn dann der Verkäufer auf Ihre Frage nach dem Namen und Standort der angebotenen *Aulonocara* einen völlig veralteten Aquaristikband zückt, um auf den Bildern den Kaiserbuntbarsch aus seiner Verkaufsanlage zu suchen, spätestens dann sollten Sie mißtrauisch werden. Denn so wird er Ihnen auch nicht garantieren können, daß es sich bei den Weibchen nicht um Hybriden handelt – womit wir wieder beim Thema der unerwünschten Mischlinge wären.

Aulonocara laichen in Zuchtgruppen von einem Männchen und mehreren Weibchen genauso ab wie in Gesellschaft anderer Malawiseecichliden. Eine paarweise Haltung wäre ungünstig und könnte für das Weibchen tödlich enden. Fiederbartwelse können den Laichakt beeinträchtigen und stören.

Sehr gut lassen sich die „Kaiser" nach meinen Erfahrungen im Verhältnis von zwei Männchen und sechs bis acht Weibchen in einem größeren Aquarium ab etwa 300 l Inhalt vermehren. Die Männchen stehen dabei ständig in Revierauseinandersetzungen miteinander und somit fast immer in Farbe.

Achtung: Ist das Aquarium zu klein und bietet damit nur Platz für ein Revier, so wird sich nur das größere oder kräftigere Männchen durchsetzen und färben.

Sehr günstig und fördernd auf die Fortpflanzung von *Aulonocara* wirken sich kräftige Teilwasserwechsel (50 %) in Verbindung mit vermehrter Lebendfütterung – speziell mit Weißen Mückenlarven – aus. Die Weibchen werden recht bald ihren gesunden Laichansatz mit zunehmender Leibesfülle zeigen. Da die Kaiserbuntbarsche Maulbrüter mit Mutterfamilie sind, ist keine Paarbildung zu beobachten. Die Partner finden nur zum Laichakt zueinander und schwimmen danach getrennt ihres Wegs.

Unter den Cichliden des Malawisees ist bisher nur eine *Tilapia*-Art als Substratbrüter bekannt – es ist *Tilapia rendalli*. Alle anderen Buntbarsche des Sees sind Maulbrüter.

Das beginnende Brutgeschäft erkennt man am Männchen: Es legt jetzt flache Gruben in Höhlen oder unter Überhängen an und beginnt, die Weibchen zu treiben. Immer öfter wird das Weibchen vom Partner durch wedelnde Flossenbewegungen zur Ablaichstelle gelockt, bis es schließlich nach einigen Scheinversuchen zum eigentlichen Laichakt kommt.

Das Paar dreht sich umeinander, und das Weibchen gibt bei jeder Runde einige Eier ab. Bei der jeweils nächsten Drehung nimmt das Muttertier den Laich ins Maul und gleichzeitig auch die Spermien des sich mitdrehenden Männchens. Ist der Laichvorrat des Weibchens erschöpft, so beachtet es die Aktivitäten des Männchens nicht mehr und lebt von nun an recht versteckt. Maul und Kehlsack sind prallvoll mit Eiern.

Aulonocara hansbaenschi:
1. Ein geschlechtsreifes Männchen.
2. Das Männchen balzt in den prächtigsten Farben mit gespreizten Flossen und wedelnden Körperbewegungen.
3. Das unscheinbarer wirkende Weibchen, hier mit laichgefülltem Bauch, sucht das balzende Männchen in seiner Grube auf.
4. Das Weibchen pflegt die Eier und später die geschlüpften Larven im Maul. Die Maulbrutpflegezeit beträgt etwa drei Wochen.

Fotos: G. Schmelzer

Ablaichende Malawisee-cichliden:
1. Fast alle Malawisee-cichliden sind Maulbrüter. Hier nimmt das Weibchen gerade zwei weitere Eier auf, das Männchen, links, steht zur Befruchtung bereit.
2. Das Weibchen schnappt nach den Eiflecken in der Afterflosse des Männchens und nimmt dabei Spermien auf.
3. Die Jungen entwickeln sich im Kehlsack des Weibchens.
4. Sobald eine echte oder vermeintliche Gefahr auftritt, werden die Jungen ins Maul zurückgenommen.

Junge und unerfahrene Mütter können manchmal nach kurzer Zeit die Brut ausspucken oder verschlucken. Dieses Verhalten tritt aber meist nach zwei- oder dreimaligem Ablaichen nicht mehr auf. Nach vier bis sechs Tagen schlüpfen die Jungen im Maul der Mutter. Fast alle Autoren berichten davon, daß die Malawiseebuntbarschweibchen in den etwa drei Wochen Maulbrutzeit nichts fressen. Auch ich habe das lange Zeit angenommen. Mittlerweile kann ich diese Hungerzeit aber nicht mehr bestätigen. Ich habe lange und intensiv brütende Cichlidenweibchen des Malawisees beobachtet und auch gezielt Nahrung angeboten. Die bereits erwähnten jungen und unerfahrenen Weibchen werden bei einer Fütterung schon mal schwach und verschlucken ihre Brut oder spucken sie aus, um dann begierig fressen zu können. Ansonsten habe ich bei allen angehenden Cichlidenmüttern aus dem Malawisee, ob zu den Mbuna, den Utaka oder den Kaiserbuntbarschen gehörend, mehr oder weniger intensive Freßversuche beobachten können, wobei vor allem Weibchen der aufwuchsfressenden Mbuna während der Brutzeit Nahrungspartikel zu sich nehmen. Meistens handelt es sich aber um kleinste Futterteilchen, die vorsichtig aufgenommen, über die Brut im Kehlsack hinweg-„gekaut" und geschluckt werden. Interessant wäre es zu wissen, inwieweit die Jungfischchen im Maul der Mutter davon profitieren können. Sie zehren ja eigentlich bis zum Freischwimmen von ihrem Dottersack.

Ein Aulonocara hansbaenschi-*Paar, Weibchen oben, im Gesellschafts-aquarium. Foto: G. Schmelzer*

Maulbrütende *Aulonocara*-Weibchen werden oft von den Männchen intensiv verfolgt und bedrängt. Eine Aquarieneinrichtung mit vielen Verstecken und Unterschlupfmöglichkeiten ist hier ein unbedingtes Muß. In solchen Situationen ist es dann auch sehr günstig, wenn sich mehrere Weibchen im Aquarium befinden und dem Männchen zur „Verfügung" stehen. So verteilt sich dann dessen Aggressivität besser. Die Mutter behält ihre Jungen temperaturabhängig bei 28 °C etwa 20 Tage, bei 25 °C bis zu 23 Tage im Maul. Bleibt sie mit ihrer Brut im Gesellschaftsaquarium, so kann sie das Freisetzen der Nachkommenschaft bis auf 26 Tage hinauszögern; dadurch werden die Jungen jedoch geschwächt.

Die Zahl der *Aulonocara*-Jungen schwankt – je nach Größe und Ernährungszustand der Mutter – etwa zwischen zehn und 40 Jungfischen. Bei meinen *Aulonocara* bestand der Minusrekord aus neun Jungen bei einem zehn Monate alten Weibchen; der Spitzenwert lag bei 43 Jungen einer dreijährigen Cichlidenmutter.

In einem Aquarium mit ausreichend Verstecken wie etwa Felsaufbauten mit vielen Spalten und Höhlen werden sicher einige Jungfische der gefräßigen Gesellschaft entkommen und überleben. Mit der Zeit wagen sie sich mehr und mehr aus ihren Verstecken heraus und wachsen so mit heran.

Möchten Sie als *Aulonocara*-Liebhaber aber die gesamte Jungenschar großziehen, so ist es unumgänglich, das maulbrütende Weibchen etwa nach 15 bis 18 Tagen in ein separates Aquarium umzusetzen. Aber Vorsicht – geschieht dies zu zeitig, so kann es zum Verschlucken oder Ausspucken des Maulinhalts kommen! Setzen Sie die maulbrütende Fischmutter zu spät um, wird sie die Jungen nicht halten können und die Brut während des Umsetzens ausspucken. Hierbei kann es dann zu Verlusten kommen.

Das Herausfangen und Umsetzen von *Aulonocara*-Müttern erfolgt am besten bei Nacht. Die schläfrigen Weibchen lassen sich dann am schnellsten und schonendsten einfangen. Aber auch schon zwei bis drei Stunden nach dem abendlichen Ausschalten der Beleuchtung kann man „Jagdglück" haben. Damit erspart man sich eventuell das Weckerklingeln mitten in der Nacht und das mühsame Aufstehen.

Tip: Das Umquartieren des Cichlidenweibchens sollte möglichst „unter Wasser" geschehen, sonst könnte es zum Verlust der Brut kommen.

Nach vier bis sechs Monaten sind bei einigen Aulonocara-*Arten schon die ersten feinen Geschlechtsunterschiede auszumachen. So färben sich bei jungen* Aulonocara *sp. „Mamelela"-Männchen schon recht früh die Rücken- und Afterflossen gelblich ein. Männliche* Aulonocara stuartgranti *beginnen sich vom Maul her blau einzufärben. Sehr lange dauert es dagegen bei* Aulonocara steveni, *bis sich etwas geschlechtsspezifisches erkennen läßt.*

Am besten meistern Sie diese Situation, indem Sie das Weibchen mit dem Kescher unter Wasser in einen Plastikkrug setzen und mit diesem dann ins neue Aquarium überführen. Dieses wird in der Regel eine kleinere vorübergehende Behausung sein.

Ich verwende zu diesem Zweck kleine 20 l-Kunststoffaquarien. Die Filterung erfolgt mit Mini-Außenfiltern vom AquaClear-Typ. Sie hängen sozusagen als Rucksack am Aquarienrand und laufen nur mit Schwämmen als Filtermedien. Die Ansaugvorrichtung muß mit Netz oder Gaze versehen werden, um die Jungen vor einer ungewollten „Einfahrt" in das Gerät zu schützen.

Nachdem das Weibchen nach etwa 20 bis 24 Tagen die Jungen freigesetzt hat, kann es durchaus noch ein paar Tage bei seinem Nachwuchs bleiben. Manche *Aulonocara*-Mütter, nach meinen Erfahrungen vor allem Wildfänge, betreiben noch Brutpflege, doch das ist individuell verschieden. So konnte ich beobachten, wie ein Weibchen Futter vorkaute und dann in die Gruppe spuckte. Sogar der Absaugschlauch war ein Ziel von Aggressionen des Muttertiers. Vor allem aber erholt sich nun das Weibchen vom anstrengenden Brutgeschäft der vergangenen Wochen. Daß der Züchter dazu besonders gehaltvolle Nahrung anbietet, ist natürlich die Voraussetzung.

Normalerweise droht den kleinen *Aulonocara* keine Gefahr von ihrer Mutter. Trotzdem trennen einige Züchter das Weibchen und seine Jungen mit einer Glasscheibe. Nach etwa einer Woche

setze ich die „Kaiser-Mütter“ in ihre Ursprungsaquarien zurück. Nun kann es aber passieren, daß die Wiedereingliederung in die alte Gesellschaft Probleme bereitet. Beim Belassen der Mutter mit ihrem Nachwuchs im Gesellschaftsaquarium geschieht so etwas eben nicht.

Da die Jungfische beim Freisetzen schon knapp 1 cm groß sind, bereitet ihre Ernährung wenig Probleme. Frisch geschlüpfte *Artemia* oder *Cyclops*, Enchyträen und *Tubifex* werden lebend und auch gefrostet sofort angenommen. Das gilt auch für feines Staubfutter in trockener Form. Sogar an Futtertabletten wird schon geknabbert. Später können auch noch Wasserflöhe und zerkrümeltes Flockenfutter verabreicht werden. Ab und zu lasse ich junge *Aulonocara* auch schon mal mit größeren Brocken kämpfen – sozusagen als Training für den späteren Ernst des Lebens.

Regelmäßige, am besten tägliche Wasserwechsel sind nun neben der gehaltvollen und abwechslungsreichen Kost das A und O in der weiteren Aufzucht. Bei ständig erhöhten Nitratwerten, über 30 mg/l, im Aufzuchtwasser werden die jungen *Aulonocara* nur schlecht wachsen. Folgeschäden sind später kaum noch zu beheben.

Kleine Aufzuchtaquarien haben am Anfang den Vorteil, daß die Jungfische gezielt gefüttert werden können und ihr Futter nicht so sehr suchen müssen. Das Umsetzen der Jungen nach einigen Wochen in ein etwas größeres Aquarium wird einen weiteren Wachstumsschub bewirken.

Heranwachsende Aulonocara-Männchen üben sich schon recht früh in Drohgebärden und angedeuteten Revierkämpfen. Später werden die Männchen immer mehr zu Einzelgängern und gründen eigene Reviere – so sie denn können. Die Weibchen schwimmen oft in Gruppen, in denen gelegentlich auch schwächere Männchen vertreten sind. Nur zum Ablaichen suchen die Weibchen die Männchenreviere auf.

Balz- und Laichserie von Aulonocara stuartgranti. Fotos: G. Schmelzer

Nochmals zur Vergesellschaftung

Ich habe die Problematik der Vergesellschaftung von Kaiserbuntbarschen schon im Kapitel „Haltung und Pflege" angesprochen und möchte hier noch einige Details hinzufügen.
Aquarianer, die bei mir *Aulonocara*-Nachzuchten abholen, berühren im Gespräch immer wieder dieses Thema. Dabei habe ich aber auch die Erfahrung gemacht, daß oft grundlos Probleme gesehen werden oder vom Aquarianer erst selbst, zum Beispiel durch falsche oder ungenügende Aquarieneinrichtung, geschaffen werden.
Mit einer richtigen Einrichtung kann man der eventuellen Vergesellschaftung von Malawiseecichliden schon viel Brisanz nehmen. Viele Verstecke in Form von Höhlen, Barrieren, Aufbauten oder auch großen Pflanzenbüschen sind eine Grundvoraussetzung! Mit einzelnen Gesteinsbrocken können Sie künstliche Reviernischen schaffen, größere Felsaufbauten bieten unterlegenen Fischen in einer Gesellschaft immer den besten Schutz.
Wie schon angemerkt, sind Kaiserbuntbarsche am besten mit den „gesetzteren Charakteren" der Utaka-Gruppe – wie beispielsweise alle *Copadichromis*-Arten – in Gesellschaft zu pflegen. Auch mit

Zwei Aulonocara *„Eureka"-Männchen – in zu kleinen Aquarien färbt sich nur der dominante Fisch optimal aus. Besser ist es, nur ein Kaiserbuntbarschmännchen mit mehreren Weibchen in Gesellschaft anderer Malawiseecichliden zu pflegen. Foto: M.-P. & C. Piednoir*

Aulonocara maylandi – *eine Vorausetzung für eine Vergesellschaftung von* Aulonocara *drängt sich automatisch auf: Eine ausreichende Aquariengröße. Ein Aquarium unter 200 l Nettofassungsvermögen ist für eine* Aulonocara-*Gruppe in Gesellschaft unzureichend. Eine Kantenlänge von 100 cm ist nicht zu unterschreiten. Foto: Bartling*

Protomelas- oder auch *Placidochromis*-Arten sind die Kaiser gut zu vergesellschaften. So hielt ich in einem 300 l-Aquarium erfolgreich Wildfanggruppen von 1,3 (Männchen, Weibchen) *Aulonocara* sp. „Mamelela", 1,2 *Protomelas annectens* und 2,2 *Copadichromis chrysonotus*. Alle Gruppen hatten hierbei Nachwuchs, ohne daß es zu größeren Streitereien oder Problemen kam.

In derselben Aquariengröße halte ich 1,2 *Aulonocara* sp. „Iwanda" gemeinsam mit 1,1 *Protomelas taeniolatus*, 1,1 *Placidochromis* sp. „Blue Hongi" und zwei Paaren *Copadichromis virginalis*.

Es ist immer besser, den Aquarienbesatz gleichzeitig festzulegen, als ständig Fische herauszufangen (weil sie streiten) und neue hinzuzusetzen (in der Hoffnung, sie wären friedlicher). Die Neulinge müssen sich hierbei immer erst wieder einen Platz in der Hierarchie (der Gesellschaftsrangfolge) erkämpfen. Das sorgt natürlich immer erst einmal für Streß und Unruhe, im günstigsten Fall werden die Neuankömmlinge nur farblos bleiben. Der Verlust der neuen Fische wäre der schlimmste Fall.

Hier ein weiteres Besatzbeispiel für ein gut funktionierendes 500 l-Aquarium mit *Aulonocara*: 2,4 *Aulonocara stuartgranti* sp. „Chilumba" bezogen dieses Aquarium gemeinsam mit 1,2 *Otopharynx lithobathes*, 1,1 *Nimbochromis venustus* und 1,2 *Sciaenochromis fryeri*. Später setzte ich noch, ohne Probleme mit der Aquariengesellschaft zu bekommen, 1,3 *Pseudotropheus saulosi* und vier Fiederbartwelse *Synodontis njassae* hinzu.

Die Kaiserbuntbarsche der Gattung *Aulonocara* mögen das Wesen und den

Aulonocara baenschi-*Männchen* *Foto: M.-P. & C. Piednoir*

Charakter der Mbuna (Aufwuchsfresser) im Aquarium nicht besonders. Sind zu viele dieser Mbuna wie zum Beispiel aus den Gattungen *Pseudotropheus*, *Maylandia* oder *Melanochromis* im Aquarium, so kann es passieren, daß vergesellschaftete *Aulonocara* nicht ausfärben sowie unruhig und schreckhaft reagieren. Oft wird dann nur unwillig zur Fortpflanzung geschritten. Die Hektik und teilweise aggressive Unruhe der Aufwuchsfresser ist den eher ruhigen Kaiserbuntbarschen nicht zuträglich.

Ausnahmen bestätigen auch hier die Regel, und auch bei Fischen gibt es solche und solche Individuen. Eine Gruppe von zwölf *Pseudotropheus elongatus* „Chewere" wuchs bei mir langsam und problemlos in einem 250 l-Aquarium gemeinsam mit 15 *Aulonocara maylandi* und zehn *Labidochromis* sp. „Hongi" auf. Nach einiger Zeit bemerkte ich ein äußerst aggressives *Pseudotropheus*-Weibchen. Dieses war eigenartigerweise auf *Aulonocara* fixiert, speziell auf sich färbende Männchen.

Die kräftige Bezahnung des Mbuna-Weibchens hinterließ mit der Zeit deutliche Spuren an der Beflossung der Kaiserbuntbarsche. Nachdem die störende Emanze aus dem Aquarium entfernt war, zog bald Ruhe ein. Die Jungfische wuchsen gemeinsam auf und färbten sich je nach Wesensart teilweise oder ganz aus. Für ein kleineres 120 l-Aquarium habe ich ein weiteres bis heute funktionierendes Besatzbeispiel: 1,2 *Aulonocara jacobfreibergi* leben und vermehren sich in diesem Aquarium gut, mit acht *Labidochromis chisumulae* und drei Antennenwelsen der Gattung *Ancistrus*. *Labidochromis chisumulae* und auch *Labidochromis caeruleus* „Yellow" eignen sich meiner Meinung nach recht gut zur Vergesellschaftung mit *Aulonocara*-Arten, da ihr Verhalten nicht gar so hektisch – wie das anderer Mbuna – ist. Günstig für das Betrachterauge ist hierbei, mit dem Gelb der *L. caeruleus* „Yellow" oder dem Weißblau der *L. chisumulae*, der extreme Farbkontrast zu den *Aulonocara*.

Aulonocara jacobfreibergi-*Weibchen*
Foto: M.-P. & C. Piednoir

Gesellschafts-fische aus dem Malawisee für Aulonocara*:*

1. Mylochromis *sp.*
Foto: M.-P. & C. Piednoir

2. Labidochromis caeruleus *sp. „Yellow"*
Foto: Dr. J. Schmidt

3. Labidochromis zebroides *von Masimbwe Island*
Foto: Ad Konings

4. Pseudotropheus *sp. „Elongatus Mpanga"*
Foto: M.-P. & C. Piednoir

Tip: Achten Sie nicht so sehr auf geographische Zugehörigkeiten, so können Sie *Aulonocara* auch mit Cichliden aus dem Tanganjikasee vergesellschaften.

Bei mir bekannten Züchtern und Hobbyaquarianern habe ich dazu wunderschöne Schauaquarien mit solchen Mischgesellschaften gesehen. Auch in meinem Aquarien habe ich das schon ausprobiert, ohne größere Probleme mit solchen Besatzvarianten zu haben.

Aulonocara baenschi leben friedlich und einträchtig zusammen mit *Paracyprichromis nigripinnis* und *Neolamprologus brichardi*. Was zuerst nur ein platzbedingter Versuch war, galt dann noch etliche Wochen als ein besonderer Blickfang. Die *Aulonocara baenschi* und auch die *Paracyprichromis nigripinnis* kamen dabei zum Ablaichen.

Bei einem Bekannten sah ich ein weiteres Beispiel: Ein gut bepflanztes 600 l-Schauaquarium, in dem neben drei Paaren *Aulonocara stuartgranti* und einigen Njassae-Fiederbartwelsen eine eindrucksvolle Gruppe *Cyphotilapia frontosa* sowie auch kleinere Schwärme von *Cyprichromis* cf. *leptosoma* „jumbo" und *Benthochromis tricoti* schwammen. Diesen Anblick vergißt kein Besucher so schnell wieder.

Momentan halte ich in einem 500 l-Gesellschaftsaquarium acht *Aulonocara kandeense* (Blue orchid) zusammen mit zehn *Paracyprichromis nigripinnis*, sieben *Cyathopharynx furcifer* und zehn *Enantiopus* „Kilesa". Die Kaiser-

Bei der Vergesellschaftung von Aulonocara*-Arten mit Tanganjikaseecichliden ist eine etwas gezieltere Fütterung zu beachten. Mögen die* Aulonocara *mehr gröberes und gehaltvolles Futter, so ist bei den „Tanganjikas" meist das Gegenteil der Fall – mit Ausnahme robuster Arten wie* Cyphotilapia frontosa*. Beide Cichlidengruppen tolerieren gegenseitig die benötigten Wasserwerte der anderen, da sich die Hauptkriterien dieser Werte ähneln. Foto: H. Custers*

Gesellschaftsfische aus dem Tanganjikasee für Aulonocara*:*

1. Cyphotilapia frontosa
Foto: bede-Verlag

2. Cyprichromis leptosoma
Foto: G. Schmelzer

3. Neolamprologus brichardi
Foto: M.-P. & C. Piednoir

4. Paracyprichromis nigripinnis, *maulbrütendes Weibchen*
Foto: G. Schmelzer

buntbarsche aus dem Malawisee und die Cichlidengruppen aus dem Tanganjikasee sind allesamt Jungfische und leben seit ihrer Ausgangsgröße von etwa 3 cm Länge in diesem Aquarium zusammen. Die Männchen beginnen jetzt sich zu färben, und es gibt in keiner Weise irgendwelche Schwierigkeiten. Allerdings wird eine solche Cichlidengesellschaft in meinen Aquarien eher die Ausnahme bleiben.

Zudem lassen sich *Aulonocara* gut mit *Synodontis multipunctatus*, einem Fiederbartwels aus dem Tanganjikasee, vergesellschaften. Mit etwas Glück können Sie dann miterleben, wie diese Kuckuckswelse ins Brutgeschäft der *Aulonocara* eingreifen und ihre Jungen von den Weibchen der Malawiseecichliden austragen lassen – ich hatte dieses Vergnügen schon einige Male. Beim Njassa-Fiederbartwels aus dem Malawisee verläuft das Ablaichen weniger geheimnisvoll, er ist ein Freilaicher, der seine Geschlechtsprodukte über versteck-, vor allem spaltreichen, Substraten verstreut.

Schon einige Male habe ich eine ganz besondere Art und Weise der *Aulonocara*-Vergesellschaftung gesehen: Die Haltung von ausschließlich männlichen Fischen verschiedener Kaiserbuntbarscharten. Befinden sich genügend Kaisermännchen (annähernd der gleichen Größe) in einem Aquarium, so kann es gelingen, daß sich alle Fische einfärben, auftretende Aggressionen verteilen und so ein ganz besonderer Anblick entsteht. Sicherlich wird so etwas nur gelingen, wenn alle (möglichst nur halbwüchsi-

Synodontis multipunctatus, *ein Fiederbartwels aus dem Tanganjikasee, ist gut mit* Aulonocara *zu vergesellschaften. Der Wels schiebt ablaichenden maulbrütenden Cichliden seine Eier unter und läßt sie von diesen austragen. Foto: B. Kahl*

Synodontis petricola *stammt ebenfalls aus dem Tanganjikasee, er ist aber kein Kuckuckswels. Dieser nur 12 cm Länge erreichende Fiederbartwels verstreut seinen Laich über versteckreichem Substrat. Foto: H.-J. Richter*

Aulonocara *sp.* stuartgranti *von Mbenji*

Fotos: Ad Konings

Mitte links: A. brevinidus *von Masinje*

Mitte rechts: A. hueseri-*Weibchen*

Unten links: *A.* maylandi *vom Eccles Reef*

Unten rechts: A. saulosi *von Makanjika Point*

Versteckreich eingerichtete Aquarien ermöglichen die Vergesellschaftung unterschiedlicher Cichliden. Foto: H. Custers

gen) Bewohner dieses ganz speziellen Aquariums auf einmal eingesetzt werden. Nur so finden alle dieselben Bedingungen vor.

Sollten sich in einem Malawiseeaquarium oder eben einem Aquarium mit *Aulonocara* trotz aller Maßnahmen und Vorsorgungen des Halters doch Probleme wie zum Beispiel übermäßige Streitereien und Jagereien auftreten, so gibt es eine eigentlich ganz einfache und doch funktionierende Lösung: Das Verändern der Aquarienreviere. Sie müssen dabei nicht sofort an eine Neueinrichtung Ihres Aquariums denken. Oftmals reicht es schon aus, wenn einige Steine umgesetzt werden. Auch Gesteinsstücke als Trennwände sorgen für Revieränderung oder einfach nur Sichtschutz. Schon eine neu eingesetzte größere Pflanze kann alte Reviergrenzen aufheben und neue schaffen. Also: einfach nur das Gesamtbild etwas verändern. Das kann schon Wunder wirken, denn alle Fische im Aquarium haben nunmehr dasselbe Problem.

Natürlich wird jeder Aquarianer und Pfleger von Kaiserbuntbarschen mit der Zeit über einen gewissen Grad an Erfahrung verfügen und seine eigenen wirksamen „Rezepte“ entwickeln. Etwas Experimentierfreudigkeit ist angebracht, sollte aber nicht übertrieben werden, sonst sind Verluste kaum zu vermeiden.

Auch kann man ruhig mal die Natur „machen lassen“; einfach nur ein paar

Der gut 30 cm lang werdende Fossorochromis rostratus *ist nur in großen Aquarien zur Vergesellschaftung mit* Aulonocara *geeignet. Foto: H. Custers*

Tage warten und ganz genau darauf achten, was geschieht. Ich habe es erlebt, daß auch sich streitende Gesellschaften nach einer Weile plötzlich von allein zur Ruhe und Gelassenheit fanden. Der Preis dafür ist vielleicht, daß sich einige Fische nicht sofort einfärben oder seltener zu sehen sind. Aber auch das kann sich mit der Zeit wieder ändern. Und als geduldige Aquarianer werden wir damit wohl auch mal leben können – oder?
Wenn man es recht bedenkt: In einem Malawiseeaquarium oder eben einem Aquarium mit Kaiserbuntbarschen der Gattung *Aulonocara* wird es immer mehr oder weniger dominante und auch unterlegene Fische geben. Dies liegt dem Wesen dieser Cichliden zugrunde, die nun mal bei weitem keine Mauerblümchen oder Duckmäuser sind. Daß bei einer Vergesellschaftung von Malawiseecichliden eher mehr als zu wenig Individuen günstigen Einfluß haben, ist am Beispiel des natürlichen Biotops Malawisee zu sehen, in dem stellen- und zeitweise bis zu 30 Cichliden pro Kubikmeter Wasser ein Auskommen finden. Einen sinnvollen Besatz im Aquarium vorzunehmen, ist schwer möglich, aber mit etwas Geschick, Geduld und Einfühlungsvermögen kann es wohl jeder Aquarianer schaffen. Erfahrungsgemäß wird es dem Freund der Unterwasserwelten auch gelingen, die Problematik der Vergesellschaftung von Malawiseecichliden – und hier speziell der Gattung *Aulonocara* – zu verstehen und zu meistern.

Kreuzungen oder Seitensprünge und Irrwege

Um es vorweg zu schicken: Alle *Aulonocara*-Arten sind untereinander kreuzbar, und es gibt leider menschliche „Vermehrungsspezialisten", die alles tun, um dies unter Beweis zu stellen. Es gibt so viele wunderschöne Arten und Varianten von *Aulonocara*, daß man sich fragen muß, warum der Mensch hier noch Kreuzungen, Zuchtformen und gezielt erzeugte Mutanten hinzufügen muß? Warum fühlen sich immer wieder sogenannte „Tierfreunde" dazu berufen, die Natur und ihre Geschöpfe zu „verbessern"? Hoffen wir, daß es nicht eines Tages Kaiserbuntbarsche mit langen Schleierflossen und Glubschaugen gibt!

Auch der zunehmende Verkauf von *Aulonocara* unter Fantasienamen oder gänzlich falschen Art- oder Variantennamen führt zu Kreuzungen und erschwert die Zuordnung der Fische zu den Standorten oder macht sie gänzlich unmöglich.

Immer mehr Aquarianer handeln so unverantwortlich und bringen Bastarde in Umlauf. Neuerdings erreichen uns auch (wohl aus Asien) solche *Aulonocara*-Kreuzungsprodukte wie zum Beispiel ein als *Aulonocara* „Painted" bezeichneter „wundervoll" scheckig glänzender Kaiserbuntbarsch. Seine ursprünglichen Vorfahren dürften unklar bleiben.

Wirkliche *Aulonocara*-Freunde unter den Importeuren und Händlern werden

Ein Aulonocara *„türkis"-Männchen droht einem* Aulonocara baenschi*-Männchen. Gibt es wirklich Liebhaber dieser clownhaften Schecken? Foto: J.-U. Bartling*

Nach der Artdefinition mancher Biologen müßten Hybriden zweier unterschiedlicher Arten spätestens nach einigen Generationen unfruchtbar werden. Man kann aber wohl erahnen, daß schon drei Generationen genügen, um durch rücksichtslose „Züchter" eine Artenreinhaltung unmöglich zu machen. Im Bild das Weibchen eines Gattungshybriden, das dennoch fertil ist. Foto: H.-J. Richter

diese gezüchteten „Malawisee"-Cichliden hoffentlich boykottieren.

Nach der Artdefinition mancher Biologen müßten Hybriden zweier unterschiedlicher Arten spätestens nach einigen Generationen unfruchtbar werden. Man kann aber wohl erahnen, daß schon drei Generationen genügen, um durch rücksichtslose „Züchter" eine Artenreinhaltung unmöglich zu machen.

Geographische Varianten werden sehr schnell zum kunterbunten Durcheinander; es entstehen Mischlinge aufs Geradewohl und in Mengen, denn diese Varianten bleiben auch gekreuzt fruchtbar. Auch wenn solche Hybriden zugegebenermaßen manchmal recht ansprechend aussehen, sollten wir auf sie verzichten. Sollten sie aus Versehen in unseren Aquarien entstanden sein, so dürfen sie im Sinne der Artenreinhaltung sowie der Wahrung reiner Standortvarianten nicht weitergegeben werden.

Beim roten oder orangenen *Aulonocara baenschi*, oft auch als „Red Rubin"-Zuchtform bezeichnet, ist es allerdings so, daß diese Art auch in der Natur anstatt normal Gelb in der Männchenfärbung ein mehr oder weniger intensives Orange aufweisen kann. Am Nkhomo-Reef ist dies gut zu beobachten. *Aulonocara baenschi*-Wildfänge von dort brachte ich auch in meine Aquarien. Durch eine besondere Zuchtauswahl der schönsten kann man dann besonders kräftig orange gefärbte Fische erhalten.

Unerfahrene Aquarianer werden aber unter Umständen auch Kreuzungen und

Viele Wildformen – wie dies Aulonocara stuartgranti *– sind prächtige Fische. Aber dennoch: Immer mehr Aquarianer handeln unverantwortlich und bringen Bastarde und „Zuchtformen" in Umlauf. Foto: H.-J. Richter*

Mutanten nicht erkennen, wie sie auch *Aulonocara*-Weibchen verschiedener Arten oder Varianten nicht unterscheiden werden können. Somit nimmt bei einer Vermehrung das Unheil seinen Lauf, zumal von einzelnen *Aulonocara*-Arten und -Varianten in verschiedenen Fachbüchern unzählige, zum Teil sehr unterschiedliche Fotos existieren.

Zoohändler sollten mehr darauf achten, was sie in ihre Verkaufsaquarien nehmen. *Aulonocara*-Kauf und -Verkauf sind auch eine Vertrauenssache.

Im Malawisee ist gleichfalls vermehrt eine Faunenverfälschung festzustellen. Dieser liegen hauptsächlich menschliche Eingriffe in Standorte und andere Fangaktivitäten zugrunde. Andererseits muß ich hier einfügen, daß man am Ponton vor Mbamba Bay *Aulonocara steveni* und *Aulonocara jacobfreibergi* dicht nebeneinander beobachten kann, ohne daß es zu Mischlingen kommt.

Ein Grundübel ist, daß Malawiseecichliden an einem völlig anderen Standort als ihrem ursprünglichen in den See zurückgesetzt werden, warum auch immer. Es ist dabei zu vermuten, daß es auf diese Weise leider auch schon im See zu Kreuzungen gekommen ist, was wiederum auch mit eine Erklärung für sogenannte „Neuentdeckungen" sein könnte.

So habe ich zum Beispiel *Aulonocara*-Jungfische direkt aus dem Malawisee als Beifänge vom Higga-Reef und Mbamba-Bay-Island in meine Aquarien gebracht und aufgezogen. Bis heute kann ich sie keiner Art oder Variante sicher zuord-

Oben:
Aulonocara jacobfreibergi *„Eureka" ist ein typischer Hybride aus der Aquaristik.*
Foto: Ad Konings

Rechts:
Aulonocara jacobfreibergi *„Eureka"*
Foto: Y. Tavernier

nen. Gegen die Vermutung, es handele sich um *Aulonocara stuartgranti* „Chilumba" – der sie sehr ähneln – spricht der Fangort. Chilumba liegt auf der anderen Seeseite, über 100 km Luftlinie entfernt. Dazwischen befinden sich natürliche Barrieren, welche die Arten und Populationen bereits lange voneinander trennen.

Verschiedene Farbmusterungen (Flossen) innerhalb der Gruppe der Jungfische sprechen aber eher für eine Kreuzung. Daß ich in den Besitz einer Anzahl Jung-*Aulonocara* verschiedener Arten gelangt bin, konnten die Fänger ausschließen. Dieselbe Geschichte mit denselben jungen *Aulonocara* hörte ich kürzlich von einem bekannten Cichlidenimporteur, nur stammten seine Fische aus einem Gebiet südlich der Ruhuhu-Mündung bei Ndumbi. Das ist immerhin etwa 85 km weiter nördlich vom Higga-Reef entfernt. Es bleibt also abzuwarten, wie die kleinen Kaiser in ausgewachsenem Zustand in Erscheinung treten.

In einem Malawiseeaquarium oder eben in einem Aquarium mit Kaiserbuntbarschen der Gattung Aulonocara wird es immer mehr oder weniger dominante und auch unterlegene Fische geben. Dies liegt in der Natur dieser Cichliden. Hier Aulonocara stuartgranti von „Mbenji".

Wichtig ist es, die Arten und Farbrassen, die untereinander kreuzen könnten, getrennt zu halten. Hier A. sp. „Walteri".

Fotos: H.-J. Richter

Es wäre wünschenwert, daß auch die Kaiserbuntbarsche des Malawisees so gründlich katalogisiert werden, wie es bei anderen Tiergruppen bereits der Fall ist. Für den Erwerb reinerbiger *Aulonocara*-Arten oder -Varianten eignet sich fast nur noch der Bezug von Wildfängen über Großhändler, seriöse Zuchtstationen oder noch besser direkt vom See, von bekannten Exporteuren. Im Zoohandel besteht gelegentlich schon bei den Weibchen Unsicherheit, ob es die Art oder Variante ist, die erworben werden soll. Lassen wir es auch nicht zu, daß Kaiserbuntbarsche mit erzüchteten körperlichen Nachteilen – wie beispielsweise Albino-*Aulonocara* – entstehen und verbreitet werden! Bei dieser Zuchtform haben die Fische neben einem gespenstischen Aussehen sehr empfindliche Augen, mit denen sie angebotenes Futter nur schlecht erkennen können. Somit erklärt sich dann deren schlechtes Wachstum. Ganz zu schweigen von Verletzungen, entstanden durch Panikreaktionen beim Einschalten der Aquarienbeleuchtung. Es ist ein Jammer, solche Fische dahinsiechen zu sehen, geschaffen von „Tierfreunden", denen Kommerz mehr am Herzen liegt als das Wohlergehen der Tiere in ihrer Obhut. So bleibt mir also nur noch, an alle verantwortungsbewußten Aquarianer zu appellieren, Kaiserbuntbarsche nur im Sinne der Erhaltung der ursprünglichen Arten oder Standortvarianten zu pflegen oder zu vermehren. Nur so können wir in der Aquaristik eine Arterhaltung gewährleisten, von der auch der Liebhaber der Zukunft profitieren kann.

Es gibt herrliche Fische im Malawisee, hier ein Aulonocara maylandi-*Männchen. Ist es nötig, zusätzlich Bastarde in Umlauf zu bringen? Foto: Ad Konings*

Seite 76: Aulonocara jacobfreibergi *Foto: Richter*

Nachwort

Möchte der Aquarianer Cichliden der Gattung Aulonocara *– hier* A. baenschi *– zur Fortpflanzung bringen und Jungfische aufziehen, so muß er bestrebt sein, arten- und rassenreine Fische zur Zucht anzusetzen. Foto: Schmidt*

Meine Sympathiebekundung für die Gattung *Aulonocara* soll nun mit einigen abschließenden Sätzen enden: Das Wesen und die Färbung der Kaiserbuntbarsche aus dem Malawisee haben sie zu meinen Favoriten unter den Cichliden aus diesem afrikanischen Binnenmeer gemacht.

Natürlich haben auch die anderen Gattungen ihren speziellen Reiz, was Farbe und Charakter anbetrifft. Seine heimlichen Lieblinge wird aber wohl jeder Malawiseecichlidenfan haben.

Hoffen wir, daß auch in Zukunft die Fische der Gattung *Aulonocara* in gesunden und artreinen Beständen unsere Malawiseeaquarien bevölkern! Jeder einzelne Halter dieser Buntbarsche kann seinen Beitrag dazu leisten. Daß Aquarien mit Malawiseebiotopen als Themen aus der Mode kommen, halte ich für ein Gerücht.

Ich hoffe, speziell bei den Einsteigern in die Pflege ostafrikanischer Cichliden habe ich mit diesem Buch Interesse geweckt und ihnen eine eventuell anstehende Entscheidung in dieser Richtung leicht gemacht. Ein gut funktionierendes Malawiseeaquarium ist immer eine Augenweide für den Betrachter, ein Erlebnis und viel Freude für den Besitzer.

Aussterben wird das Hobby der Aquaristik sicher nie – so wie es auch immer Anhänger von Cichliden aus den ostafrikanischen Seen geben wird.

Literatur

BREDELL, P. 1999. Ihr Hobby Malawiseecichliden. 2. Aufl. Ruhmannsfelden.

DCG [Hrsg.] 1995. Cichliden. Festschrift zum 25jährigen Jubiläum der DCG. Frankfurt.

KONINGS, A. 1989. Malawiseecichliden.

KONINGS, A. 1993. Cichliden – artgerecht gepflegt. Pijnacker, NL.

KONINGS, A. 1995. Malawi Cichliden in ihrem natürlichen Lebensraum. Pijnacker, NL.

KONINGS, A. 1991-1996. Das Cichliden-Jahrbuch. Band 1-6. Lauenau.

KONINGS, A. 1996. Atlas der Malawisee Cichliden. Band 1 & 2. Ruhmannsfelden.

KRAUSE, H.-J. 2002. Handbuch Aquarienwasser. 5. Aufl. Ruhmannsfelden.

MELKE, S. 1996. Erfolg mit Malawi- und Tanganjikaseebuntbarschen. Ruhmannsfelden.

MELKE, S. 2000. Ratgeber Malawiseecichliden. Ruhmannsfelden.

SCHMIDT, J. [Hrsg.] 2002. bede Atlas Süsswasseraquarienfische. Ruhmannsfelden.

SCHNEIDEWIND, F. 2000. Ihr Hobby Malawiseecichlidenzucht. Ruhmannsfelden.

SPREINAT, A. 1989. Kaiserbuntbarsche des Malawisees. Stuttgart.

SPREINAT, A. 1994. Malawiseecichliden aus Tansania. Göttingen.

SPREINAT, A. 1995. Lake Malawi Cichlids from Tanzania. Göttingen.

STANISLAWSKI, R. & WEIRAUCH, T. 1996. Ratgeber Malawi-Cichliden-Zucht. Ruhmannsfelden.

TURNER, G. F. 1996. Offshore Cichlids of Lake Malawi. Lauenau.

UNTERGASSER, D. 2000. Ihr Hobby Gesunde Aquarienfische. Ruhmannsfelden.

An dieser Stelle bedanke ich mich bei Herrn Günter BUTZE für die Erstellung der Computerversion des Manuskripts und bei Herrn Jens-Uwe BARTLING für die schönen Fotos!

Ein Aulonocara jacobfreibergi-Pärchen; damit die Kaiserbuntbarsche ihre volle Färbung zeigen und somit ihr Wohlbefinden bekunden, ist eine ausgewogene fettarme Ernährung notwendig. Foto: Bartling